Book of the Hundred Years' War
百年战争

[英]菲莉帕·格里夫顿 编著
尹翎鸥 郝飞雪 译

中国画报出版社·北京

图书在版编目（CIP）数据

百年战争 /（英）菲莉帕·格里夫顿编著；尹翎鸥，郝飞雪译. -- 北京：中国画报出版社，2021.10
书名原文：History of War: Hundred Years' War
ISBN 978-7-5146-2024-5

Ⅰ.①百… Ⅱ.①菲… ②尹… ③郝… Ⅲ.①百年战争(1337-1453) - 研究 Ⅳ.①K565.3

中国版本图书馆CIP数据核字(2021)第132332号

Articles in this issue are translated or reproduced from History of War: Book of the Hundred Years' War Third Edition and are the copyright of or licensed to Future Publishing Limited, a Future plc group company, UK 2020. Used under licence. All rights reserved. All About History is the trademark of or licensed to Future Publishing Limited. Used under licence.

著作权合同登记号：图字01-2021-3487

百年战争

[英]菲莉帕·格里夫顿 编著　尹翎鸥　郝飞雪 译

出 版 人：于九涛
责任编辑：郭翠青
审　　校：崔学森
责任印制：焦　洋
营销编辑：孙小雨

出版发行：中国画报出版社
地　　址：中国北京市海淀区车公庄西路33号　邮编：100048
发 行 部：010-88417438　010-68414683（传真）
总编室兼传真：010-88417359　版权部：010-88417359

开　　本：16开（787mm × 1092mm）
印　　张：13.5
字　　数：228千字
版　　次：2021年10月第1版　2021年10月第1次印刷
印　　刷：北京汇瑞嘉合文化发展有限公司
书　　号：ISBN 978-7-5146-2024-5
定　　价：68.00元

百年战争

1415年，亨利五世带领英军在阿让库尔战役中取得胜利，在英格兰好战的国王的摆布下，法国的查理六世别无选择,只能按照《特鲁瓦条约》放弃王位的继承，让位给他可怕的敌人。但到了1422年，两国都陷入了混乱。亨利死后几个月，查理也跟着他进了坟墓。霸权之争重新燃起，欧洲再次陷入战争。在接下来的内容里，我们将了解百年战争是如何追溯到1066年的诺曼底征服的，也会与那些为终极目标而战的君主和雇佣兵见面，并研究在一个世纪的战争中发生的残酷战役。

目录

- 6 战争的根源
- 18 一个世纪的流血冲突

爱德华战争

- 26 爱德华三世
- 30 腓力六世
- 34 催化剂
- 39 海战
- 44 克雷西有名无实的胜利
- 50 "黑太子"爱德华
- 53 约翰二世
- 57 战斗中的王子
- 64 《布雷蒂尼条约》

卡罗琳战争

- 71 查理五世
- 74 贝特朗·迪盖克兰
- 78 布列塔尼王位继承战争
- 84 卡斯蒂尔的救世主
- 92 拉·罗谢尔战役
- 96 "黑太子"之死
- 104 理查二世
- 108 冈特的约翰
- 112 长期的和平

179

164

兰开斯特战争

125　查理六世
128　亨利五世
132　阿让库尔
146　《特鲁瓦条约》
152　英军占领巴黎
156　博热战役
158　贝德福德，忠诚的领袖
165　传说的背后：圣女贞德
178　福尔米尼&卡斯蒂永
186　《皮基尼条约》

战争的遗产

192　无名英雄
200　法军改组
204　武器的革命
211　封建制度的终结

战争的根源

百年战争是一场决定欧洲命运的冲突

文 / 德里克·威尔逊

被称为百年战争的法兰西王国和英格兰王国之间的血腥争端（尽管从理论上讲这场战争从1337年持续到1453年），其根源在于西欧各国之间不稳定的关系，这种关系可以追溯至战争之前近三个世纪。

这场冲突既是领土冲突，也是政治冲突。"封建制度"是为确保主要的土地所有者之间的和平共处而逐渐发展起来的社会制度。这个词在

▲ 巴约挂毯上描绘的诺曼底公爵威廉被告知忏悔者爱德华的死讯和哈罗德的加冕礼

▲ 1259年10月13日，亨利三世承认《巴黎条约》

英格兰和英吉利海峡沿岸经历了维京人的入侵。

中世纪早期并未使用,而是由后来的历史学家创造的,它从宗教和法律层面概括了人们对于土地和彼此之间关系的理解。诗人杰弗里·乔叟在《坎特伯雷故事集》(约1400年)里简洁地解释了社会等级:"上帝规定,一些人应该比其他人更高一等并管理他们,其他人应该更低一等并服从他们的主人,但所有人都要按照级别在他的庄园里好好劳作。"

因为只有上帝"拥有"世界,所以每个控制一部分土地的人都是他的佃户。国王是他的直接代表。王国的直属封臣是封建地主,他们从国王手中得到土地,然后把土地转租给社会地位较低的人。作为回报,他们通常在战斗中为国王服役("骑士服役")。小土地所有者通过向他们的领主提供约定数量的士兵来支付租赁费。从理论上讲,封建制度为欧洲提供了凝聚力和稳定性。

然而,该制度未能保护的是由继承问题及人类野心等引起的法律难题。在第二个千年的早期,西欧大部分地区处于无政府状态。卡佩王朝逐渐将其权力扩展到现在的法国东部和南部的大部分地区,但这是一场艰苦的战斗,因为他们挑战了想要独立控制其领地的封建贵族的权力。直到腓力·奥古斯塔斯(1180—1223)统治时期,皇家领地(即领主真正有效控制的土地)才

◀ 这幅画描绘了1327年2月1日英格兰国王爱德华三世的加冕礼

亨利二世使自己成为欧洲最有影响力的君主。

真正开始扩张。

与此同时,英格兰和英吉利海峡的南部海岸也经历了维京人的入侵,入侵逐渐从掠夺、突袭变为征服和定居。诺曼底的威廉二世是北方掠夺者之一。1035年,他从父亲那里继承了公爵领地。到了1062年,他的势力范围向南扩大到曼恩郡。四年后,他以无子女的忏悔者爱德华继承人的名义,渡过英吉利海峡,入侵英格兰。在十年内,他发动的残酷战役已经牢固地确立了他在英吉利海峡两岸的统治。

在接下来的一个世纪里,征服者的继任者们卷入了欧洲大陆的一系列战争,英格兰国王们试图利用这种无政府状态来扩张他们的领地。最成功的是英格兰的亨利二世(1133—1189),他凭借武力和巧妙的谈判使自己成为欧洲最有影响力的君主。作为他宏伟计划的一部分,他把阿基坦和加斯科涅地区(从卢瓦尔河延伸到比利牛斯山脉)纳入到了他的领土(安茹帝国)。

这一具有农业价值和战略意义的地区成为封建棋盘上的赌注。整个博弈过程错综复杂、引人入胜。阿基坦公爵威廉十世在1137年去世前将他的女儿埃莉诺(1122—1204)嫁给了法国国王路易七世。在正常情况下,阿基坦仍是法国王室的属地,但1152年国王和王后离婚。不仅如此,埃莉诺后来还嫁给了英格兰的亨利二世。

有一段时间,亨利的领地和封建属地从苏格兰中部一直延伸到比利牛斯山脉和地中海。现在,西欧的命运取决于英法两国国王之间冲突的结果。亨利发现自己面对的是一个主张领土扩张的对手,其精力、狡诈和治国才能都与他不相上下。

▲ 英格兰的国王是征服者威廉的后裔

什么是萨利克继承法?

这部旨在确保顺利过渡的法律,没有起到任何作用,除了……

旧法兰克王国的法典是由国王克洛维斯在公元5世纪制定的,被称为撒利法(The Salicor 或 Salian Law)。它涉及民事和刑事管辖的许多方面,并对若干欧洲国家的法律制度有着根本性的影响。

其中一条规定:"妇女不得继承任何遗产;土地的继承权都应归男性所有。"这在战争时期是合理的,战时的国王和土地所有者必须在战斗中捍卫自己的权利,但是当他们唯一幸存的孩子是女性时,就产生了问题。在这种情况下,下一个继承人会轮到哪位男性呢?

这场最终引发百年战争的危机源于男性继承人的不幸死亡,也进而结束了法国的卡佩王朝。路易九世、腓力五世和查理四世三兄弟相继执政。查理唯一的婚生子女,在他死后于1328年出生,是个女孩。于是他的妹妹伊莎贝拉主张让自己的儿子继承了王位,而她的儿子刚刚成为英格兰国王,作为血缘关系最近的男性亲属,已故的查理四世的堂兄,瓦卢瓦的腓力也加入到王位继承权之争中,理由是萨利克继承法禁止爱德华通过母系继承王位。

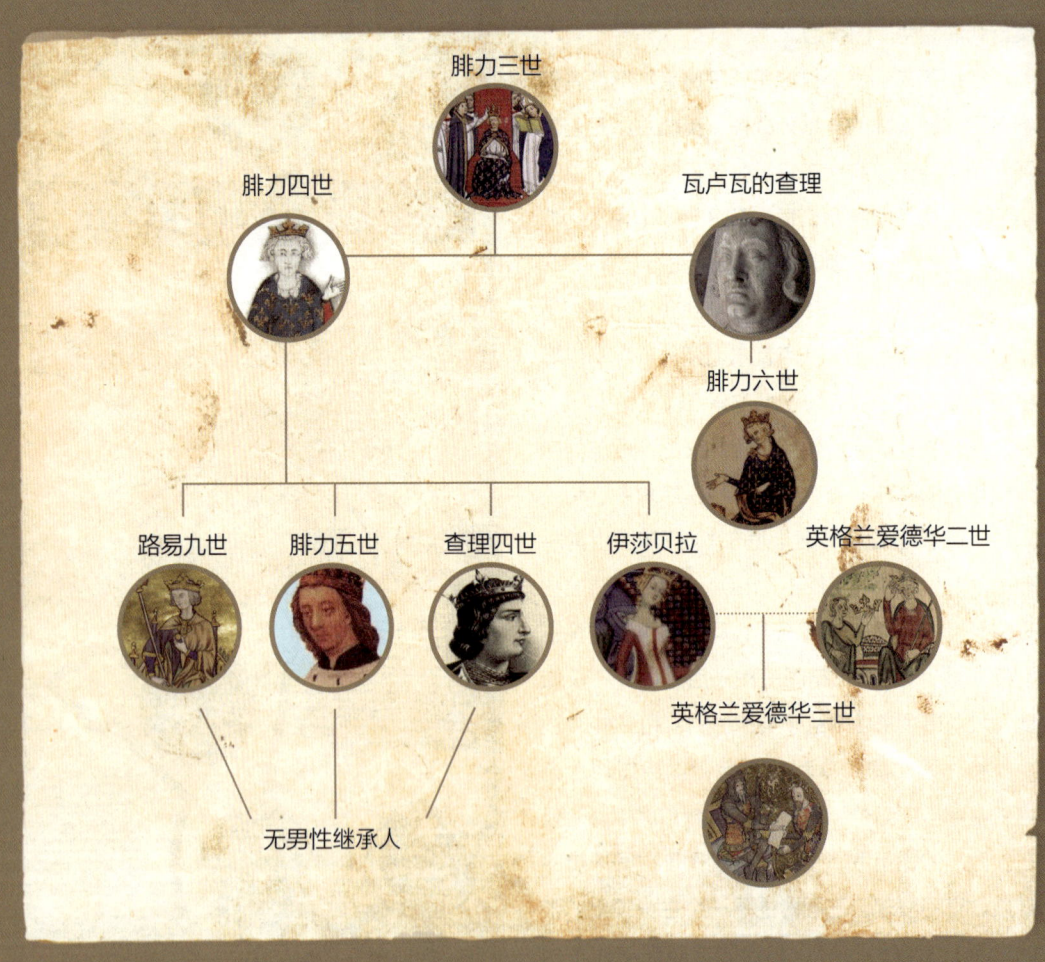

腓力·奥古斯塔斯为一个强大的中央集权的君主政体奠定了基础。他在先前站在英格兰国王一边的几位贵族面前展现了自己的权威。腓力还在亨利和他的儿子们之间挑拨离间。结果，他们中的一个——理查，把他的命运交给了法国国王，并视他为自己的封建领主，接受了阿基坦的封赐。然而，当1199年理查死于十字军东征时，这块土地又回归了埃莉诺。1204年，埃莉诺去世后，这块土地又被并回安茹帝国。这块土地的归属权就造成了两国之间的领土争夺，这种争夺持续了两个多世纪，最终导致了百年战争的爆发。

被称为"狮子"的路易八世（1187—1226）继承了父亲的事业，并一度入侵英格

▲ 爱德华一世向法国的腓力四世效忠

虽然亨利仍然尽力地坚守着他在欧洲大陆的领地，但他还是把主要精力放在了对英格兰贵族的控制上。

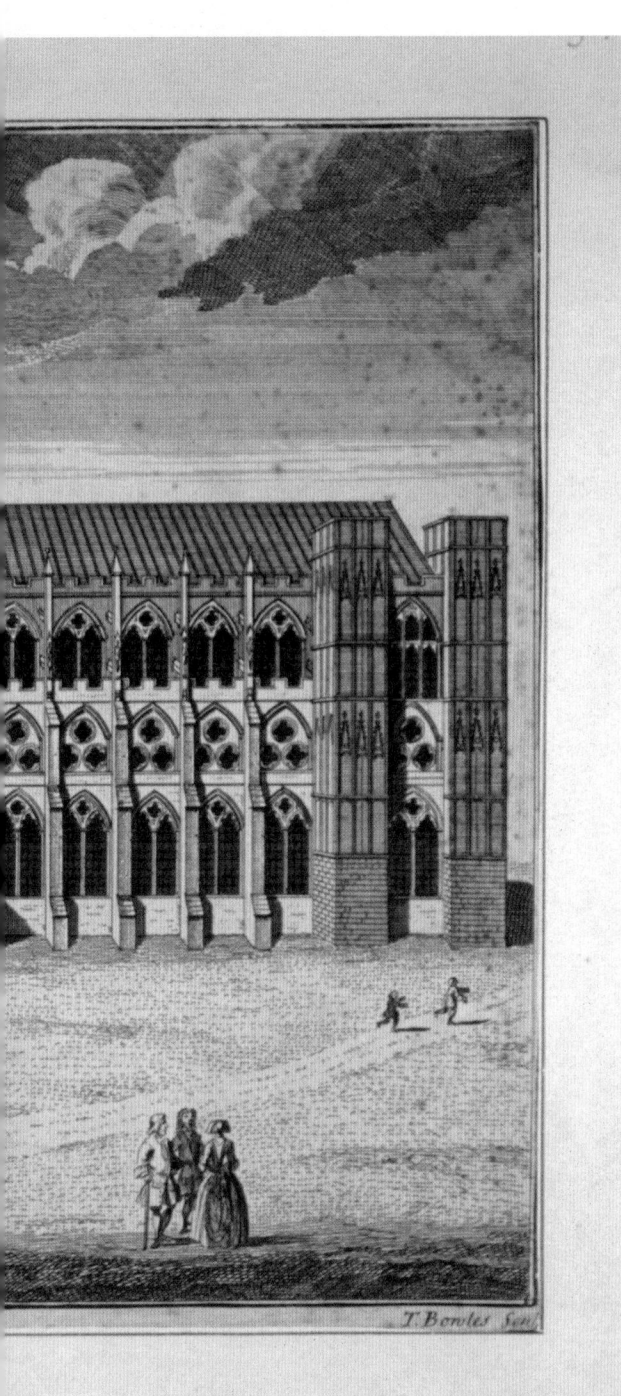

▲ 亨利三世的威斯敏斯特教堂，18世纪两座西塔修建之前的样子

兰，夺取了王位。在亨利三世漫长的统治期间，虽然他仍然尽力地坚守着他在欧洲大陆的领地，但他还是把主要精力放了对英格兰贵族的控制上。到了13世纪中叶，亨利二世的大部分战果都已得而复失，只有加斯科涅还在宣誓效忠英格兰国王。

在那些年里，西欧由两位国王统治，他们以长寿和虔诚著称。法国的路易九世（1214—1270）和英格兰的亨利三世（1207—1272）有婚姻裙带关系：亨利的妻子埃莉诺是路易的妹妹。两人都是虔诚的基督徒（路易后来被封为圣徒），他们的信仰促使他们争相建造宏伟的教堂。

路易完成了巴黎圣母院的重建工作，并着手建造了最新的歌特式风格的兰斯大教堂。而亨利则拆除了威斯敏斯特大教堂的大部分，并监督了该建筑的设计和施工。该建筑至今仍是他统治时期的杰出纪念碑。

在这两个人中，路易是更有力的竞争者：他不允许高尚的道德或宗教情操妨碍其对领土的控制。作为一名战争领袖，他也比同时代的人更有能力。亨利渴望重新夺回他在欧洲大陆的世袭土地，但他试图进行的军事干预却毫无结果。

此时，英格兰的贵族们对这个他们认为是家的岛屿有了更多的认同感，对横跨英吉利海峡的冒险没有什么兴趣了，且这种冒险可能给他们带来的物质回报也不大。加斯科涅在经济上对国王很重要——波尔多的葡萄酒贸易和由此给国王带来的消费税。1249年，亨利将加斯科涅赐予他的儿子爱德华（后来的爱德华一世）。

十年后，两位国王试图认真地梳理他们在欧洲大陆的争端。根据《巴黎条约》（1259年）的条款，亨利同意放弃诺曼底、曼恩、安

▲ 爱德华二世的妻子、法国的伊莎贝拉回到英格兰,试图为她的儿子夺取王位

茹和普瓦图，但保留了加斯科涅，并把它并入阿基坦。英格兰国王以路易九世封建公爵的身份保有这片领土，以示效忠路易。该条约解决了一个世纪以来两个王国的争端，但它的问题是，虽然它应该是平等的协议，但它使亨利在法国领土上处于从属地位。这意味着涉及领土的贵族和镇议会的每一个重大争端都必须提交给伦敦和巴黎。法律上的争议使每个相关的人都感到沮丧，并不可避免地加剧了两个政权之间的紧张关系。今天我们可以看到，所发生的一切都导致了封建制度的灭亡，这是由封建制度本身的复杂性和矛盾性所造成的。

在爱德华一世（1239—1307）和腓力四世（1268—1314）统治期间，紧张局势导致了战争的再次爆发。他们都是强大而有力的统治者，通过军事行动、行政改革和外交技巧提高了王室的权力和威望。在不同时期，爱德华发现自己面临三个战场——威尔士、苏格兰和阿基坦。这不可避免地影响了他在这三家"剧院"的演出效果。腹背受敌的代价是高昂的。国王频繁呼吁增加税收的两个重要结果是，一方面爱德华召集的议会比他的任何一位前任都要多，从而增加了议会的权力；另一方面，财政负担也削弱了国王在国内的地位。即便如此，就他在法国的土地而言，一切都很顺利。

1286年，他渡过英吉利海峡，花了三年时间加强对西南部的统治。他先去了巴黎，在那里，他与腓力四世达成一项协议，确认了他对阿基坦大部分领土的所有权，同时将其余领土割让给法国国王，以换取报酬。

▲ 13世纪的手稿中绘制的爱德华一世

爱德华用了相当大的精力去修改阿基坦各个地方的法律，并在政府安插值得信赖的人。这是一项复杂的工作，因为各地区有不同的风俗和法律，但国王对细节的关注表明他致力于法治和确保臣民的权利。他还采取了没收所有犹太人财产并将犹太人驱逐出他的领土的广受欢迎的措施，这一策略他也将在英格兰推行。然而，离开了英格兰的爱德华要治理那片遥远的土地，困难重重。1289年，英格兰议会决定在他回国前拒绝给他投票增加税收。

第二次冲突始于1293年，不是在阿基坦，而是在英吉利海峡。法国和英格兰的船只经常发生争执。这些骚乱与国家政府没有什么关系，而

> 有时爱德华发现自己面临着三个战场——威尔士、苏格兰和阿基坦。

是来自比海盗好不了多少的各种团体之间的竞争。1293年的战役尤为残酷。来自肯特和苏塞克斯海岸的五港同盟舰队袭击了布列塔尼附近的法国船只,并继续洗劫拉·罗谢尔。爱德华和腓力都无力控制自己不守规矩的臣民,事实上,他们已经出面制止过这种事件。但这种未经授权的行为总有可能成为开战的理由。而腓力现在就是这样做的。

他要求爱德华向他做出赔偿。与此同时,他又下令围捕并监禁了加斯科尼的100多名官员,"原因是他们在布列塔尼海岸对诺曼人造成了损害"。爱德华派代表到巴黎协商解决方案,但腓力认为爱德华没有亲自出席是对他的侮辱,并授权没收公国。这导致了战争的爆发,战争一直持续到1298年,最后以和平谈判而告终。

1308年,爱德华一世死后,他的儿子爱德华二世娶了腓力的女儿伊莎贝拉,试图借此结束长期的王室争斗。事实上,两个王室之间紧张关系的深层原因并没有得到解决,爱德华和伊莎贝拉的婚姻又导致了后来关于法国王位的继承争端。正如历史学家莫里斯·波威克爵士所言:"1303年的条约不过是一个小插曲,是1259年的条约引发的无休止争论中的一个喘息之机。"

▲ 这是16世纪的巴黎景象,隐约可见的巴黎圣母院耸立在中心岛屿

一个世纪的流血冲突

用这张简易的大事年表追溯100多年的王朝纷争

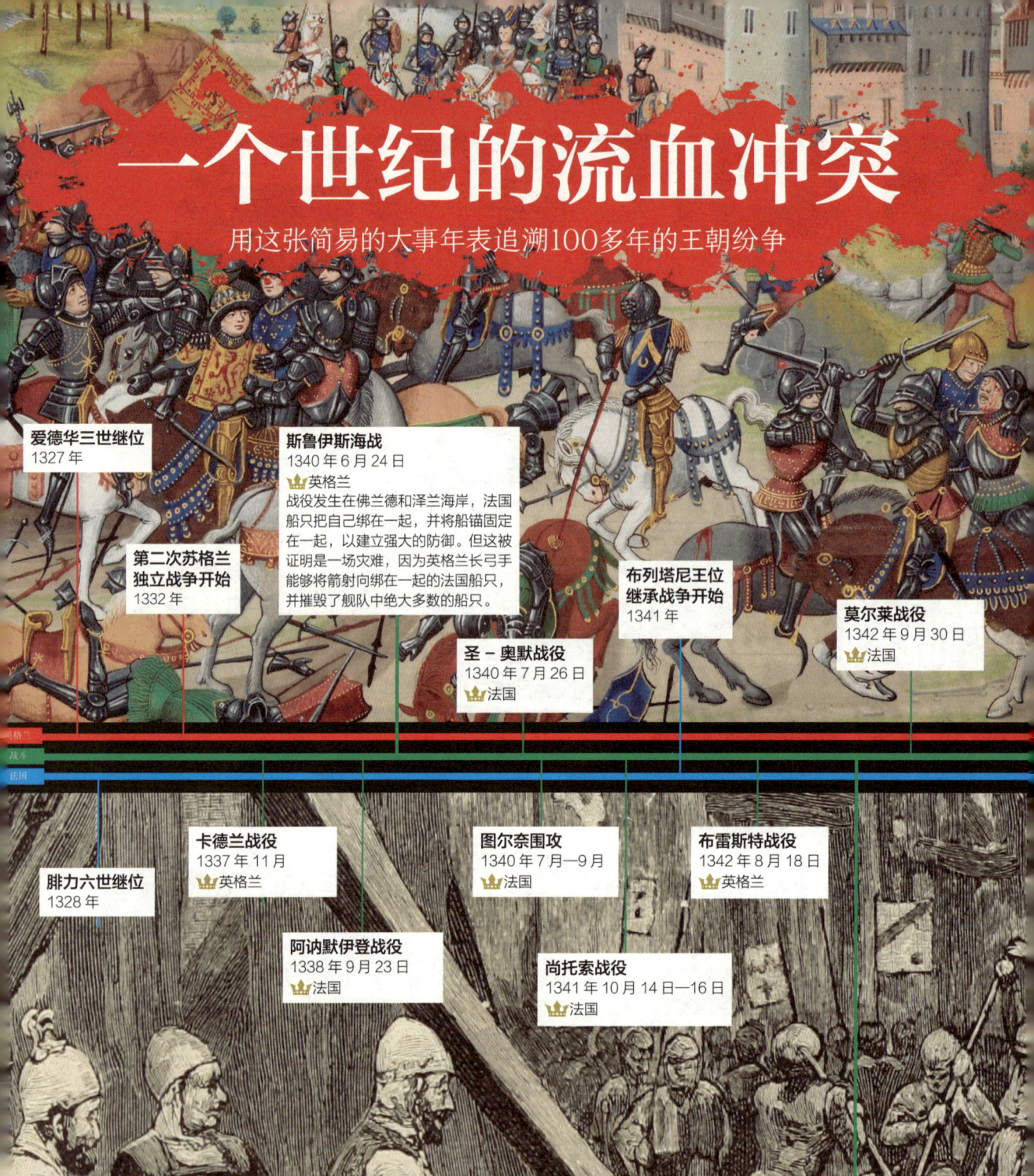

爱德华三世继位
1327 年

第二次苏格兰独立战争开始
1332 年

斯鲁伊斯海战
1340 年 6 月 24 日
👑 英格兰
战役发生在佛兰德和泽兰海岸,法国船只把自己绑在一起,并将船锚固定在一起,以建立强大的防御。但这被证明是一场灾难,因为英格兰长弓手能够将箭射向绑在一起的法国船只,并摧毁了舰队中绝大多数的船只。

圣-奥默战役
1340 年 7 月 26 日
👑 法国

布列塔尼王位继承战争开始
1341 年

莫尔莱战役
1342 年 9 月 30 日
👑 法国

腓力六世继位
1328 年

卡德兰战役
1337 年 11 月
👑 英格兰

阿讷默伊登战役
1338 年 9 月 23 日
👑 法国

图尔奈围攻
1340 年 7 月—9 月
👑 法国

尚托索战役
1341 年 10 月 14 日—16 日
👑 法国

布雷斯特战役
1342 年 8 月 18 日
👑 英格兰

奥贝罗切战役
1345 年 10 月 21 日
👑 英格兰
法国军队试图占领奥贝罗切村。由德比伯爵亨利率领的一支 1500 人的英格兰军队,在法国人坐下来吃饭的时候伏击了他们,击败了法国 7000 人的军队。据传,在围城期间,一名来自该村的英格兰信使被俘虏,并被攻城坦克抛了回去。

内维尔十字之战
1346 年 10 月 17 日
👑 英格兰
作为与法国友谊联盟的一部分,一支由 12000 人组成的苏格兰军队向达勒姆进军。他们本以为那里不会有英格兰守军,因为英军的注意力都在法军身上。但那里英军的规模却使苏格兰人感到惊讶,他们被打败了,国王大卫二世在试图逃跑时被俘。

布兰奇塔克战役
1346 年 8 月 24 日
👑 英格兰

圣波勒·德莱昂
1346 年 6 月 9 日
👑 英格兰

约翰二世继位
1350 年

温奇尔西战役
1350 年 8 月 29 日
👑 英格兰

卡昂战役
1346 年 7 月 26 日
👑 英格兰
爱德华三世的军队穿过诺曼底西北部的几个城镇,沿途一路洗劫,希望以此打击法国人的士气。英格兰人迅速占领并烧毁了卡昂镇(卡昂是这个地区的政治和金融中心),还带走了几名俘虏。

克雷西战役
1346 年 8 月 26 日
👑 英格兰

加来围攻
1346 年 9 月—1347 年 8 月
👑 英格兰
爱德华三世和他的军队向这座城市靠近,这是法国离英格兰最近的港口,但在两个多月的时间里,他们只集结了一些攻城装备,并没采取其他行动。法国的补给船被英格兰海军切断。一年后,他们耗尽了食物和水,被迫投降。

拉罗什代里安战役
1347 年
👑 英格兰

阿德尔战役
1351 年 6 月 6 日
👑 法国

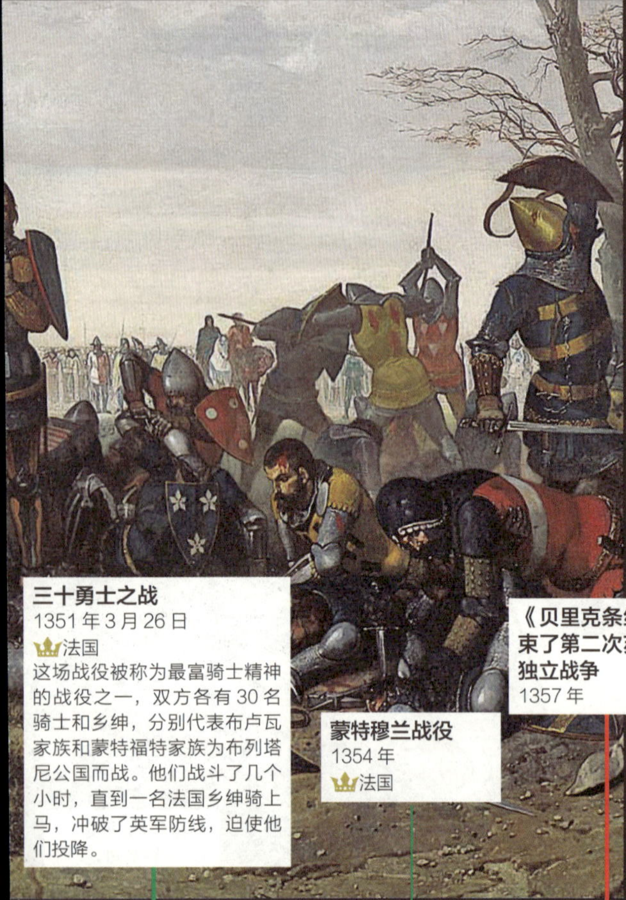

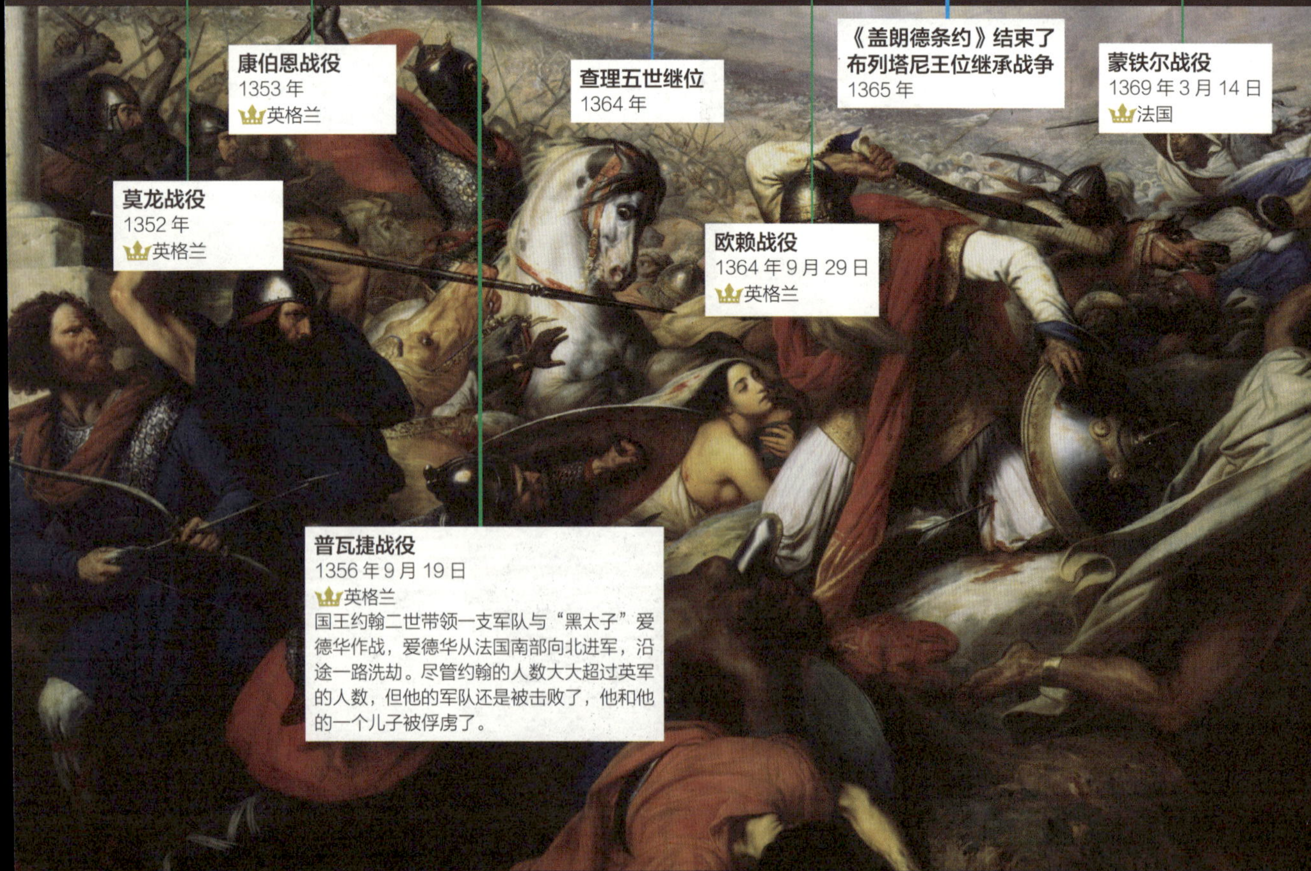

三十勇士之战
1351 年 3 月 26 日
👑 法国
这场战役被称为最富骑士精神的战役之一，双方各有 30 名骑士和乡绅，分别代表布卢瓦家族和蒙特福特家族为布列塔尼公国而战。他们战斗了几个小时，直到一名法国乡绅骑上马，冲破了英军防线，迫使他们投降。

蒙特穆兰战役
1354 年
👑 法国

《贝里克条约》结束了第二次苏格兰独立战争
1357 年

科舍雷尔战役
1364 年 5 月 16 日
👑 法国

纳赫拉战役
1367 年 4 月 3 日
👑 英格兰
作为卡斯蒂尔内战的一部分，一支由英格兰、阿基坦、马略卡和纳瓦拉的士兵组成的军队击败了得到法国支持的特拉斯塔马拉的亨利伯爵领导的军队。尽管取得了胜利，但"黑太子"爱德华仍觉得他们失败了，因为他们没有俘获亨利。

英格兰
战斗
法国

莫龙战役
1352 年
👑 英格兰

康伯恩战役
1353 年
👑 英格兰

查理五世继位
1364 年

欧赖战役
1364 年 9 月 29 日
👑 英格兰

《盖朗德条约》结束了布列塔尼王位继承战争
1365 年

蒙铁尔战役
1369 年 3 月 14 日
👑 法国

普瓦捷战役
1356 年 9 月 19 日
👑 英格兰
国王约翰二世带领一支军队与"黑太子"爱德华作战，爱德华从法国南部向北进军，沿途一路洗劫。尽管约翰的人数大大超过英军的人数，但他的军队还是被击败了，他和他的一个儿子被俘虏了。

理查二世继位
1377 年

拉·罗谢尔战役
1372 年 6 月 22 日—23 日
♛ 法国（卡斯蒂尔）

利摩日围攻
1370 年 9 月
♛ 英格兰

齐塞特战役
1373 年 3 月 21 日
♛ 法国

阿让库尔战役
1415 年 10 月 25 日
♛ 英格兰
法军方面缺乏有领导能力的领袖，导致进攻仓促，遭到亨利五世的反击。亨利五世利用狭窄、泥泞的战场减缓了法军的进攻速度，使他的弓箭手更容易进攻。据估计，英军中大约 80% 都是弓箭手。

阿夫勒尔围攻
1415 年 8 月—9 月
♛ 英格兰

亨利四世继位
1399 年

拉·罗谢尔战役
1419 年 12 月 30 日
♛ 法国（卡斯蒂尔）

蓬瓦兰战役
1370 年 12 月 4 日
♛ 法国
这是法国取得的首次重大胜利，这场战役包括两场冲突。法国的统帅贝特朗·迪盖克兰带领他的军队夜以继日地追赶英军，并在蓬瓦兰突袭了他们。英军逃到瓦斯，最终被打败。

罗斯贝克战役
1382 年 11 月 27 日
♛ 法国

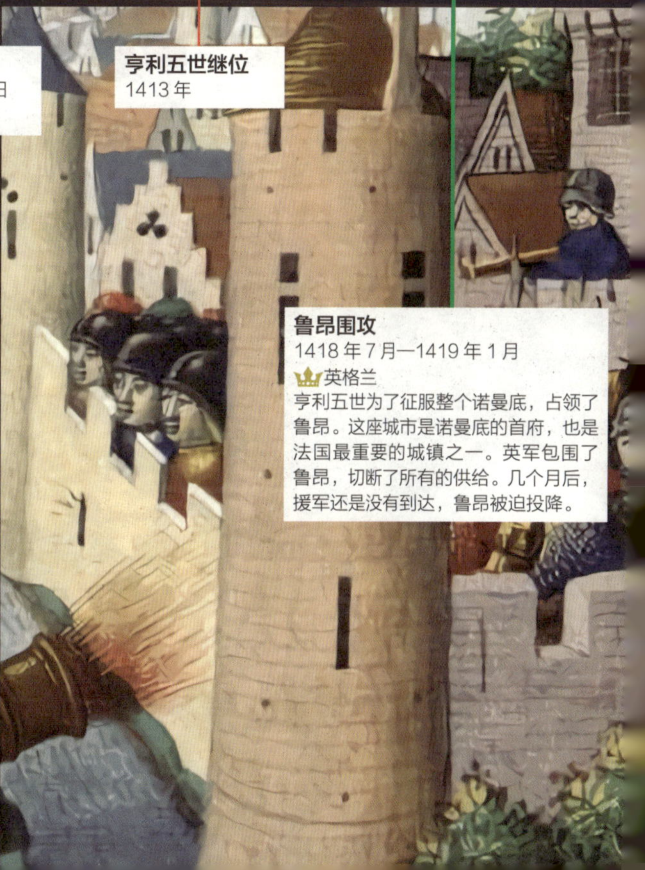

查理六世继位
1380 年

亨利五世继位
1413 年

鲁昂围攻
1418 年 7 月—1419 年 1 月
♛ 英格兰
亨利五世为了征服整个诺曼底，占领了鲁昂。这座城市是诺曼底的首府，也是法国最重要的城镇之一。英军包围了鲁昂，切断了所有的供给。几个月后，援军还是没有到达，鲁昂被迫投降。

博热战役
1421 年 3 月 22 日
👑 法国
克拉伦斯公爵攻击法（国）- 苏（格兰）联军，希望能给他们来个措手不及，但敌军的人数比预期的要多。寡不敌众的英军全军覆没，克拉伦斯公爵阵亡。但关于他是如何被杀的，没有明确的消息来源。

奥尔良围攻
1428 年 10 月—1429 年 5 月
👑 法国
英军试图占领奥尔良，他们认为这样做可以保证英格兰征服整个法国。经过几个月的战斗，英军看似可能会夺取这座城市，但圣女贞德带着更多的军队来到这里，局势转向对法军有利。

查理七世继位
1422 年

拉·布罗西尼埃战役
1423 年 9 月 26 日
👑 法国

弗雷奈战役
1420 年 3 月 3 日
👑 英格兰

莫城战役
1421 年 10 月—1422 年 5 月
👑 英格兰

克拉旺战役
1423 年 7 月 31 日
👑 英格兰

圣·詹姆斯战役
1426 年 3 月 6 日
👑 英格兰

亨利六世继位
1422 年

韦尔讷伊战役
1424 年 8 月 17 日
👑 英格兰
由贝德福德公爵约翰率领的英格兰军队几乎消灭了所有的苏格兰军队，其中包括道格拉斯伯爵阿奇博尔德和巴肯伯爵约翰·斯图尔特的军队。尽管一些苏格兰人留在了法国，却是苏格兰最后一次在战争中扮演重要角色。

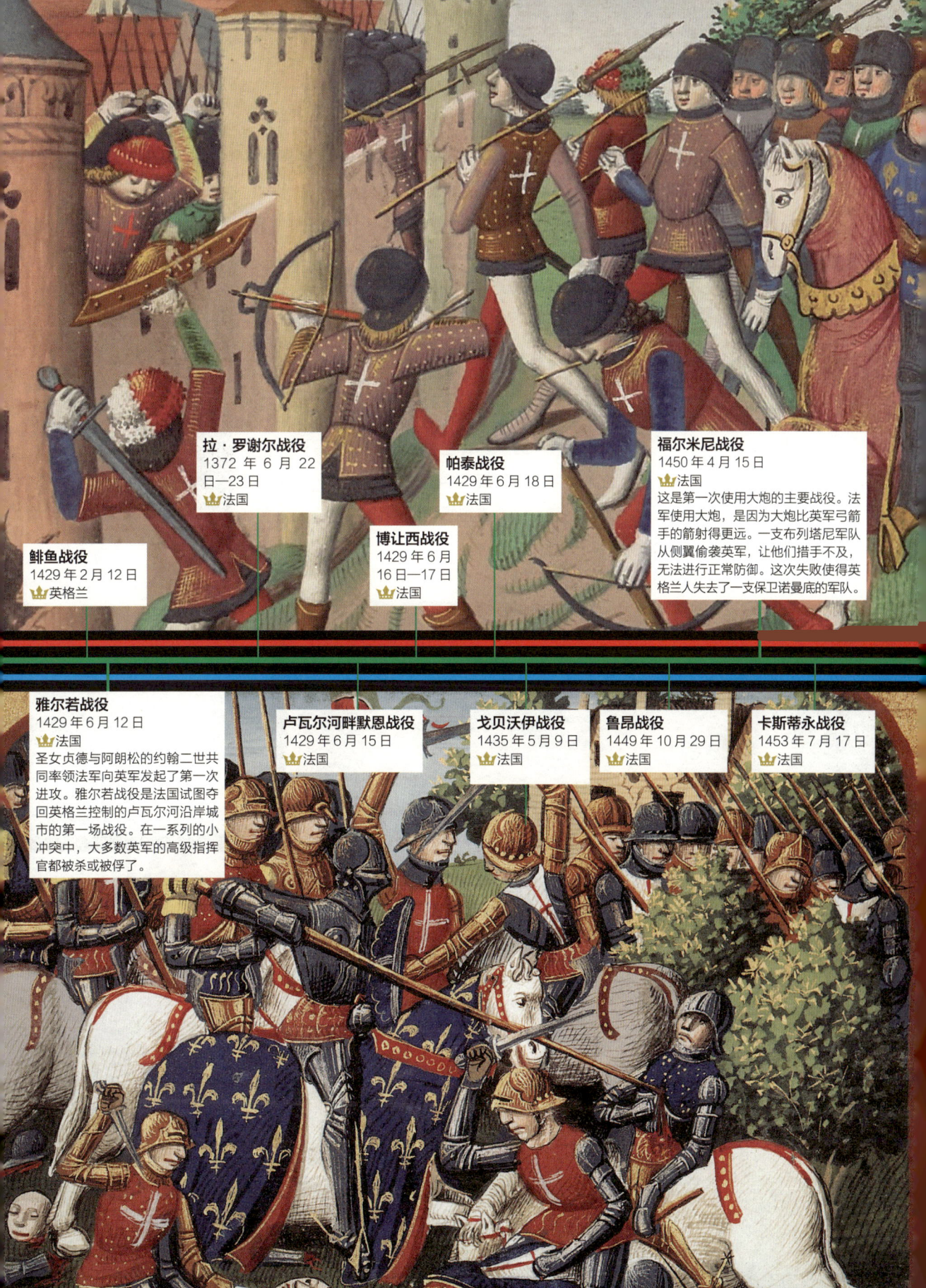

拉·罗谢尔战役
1372 年 6 月 22 日—23 日
♛ 法国

帕泰战役
1429 年 6 月 18 日
♛ 法国

福尔米尼战役
1450 年 4 月 15 日
♛ 法国
这是第一次使用大炮的主要战役。法军使用大炮，是因为大炮比英军弓箭手的箭射得更远。一支布列塔尼军队从侧翼偷袭英军，让他们措手不及，无法进行正常防御。这次失败使得英格兰人失去了一支保卫诺曼底的军队。

鲱鱼战役
1429 年 2 月 12 日
♛ 英格兰

博让西战役
1429 年 6 月 16 日—17 日
♛ 法国

雅尔若战役
1429 年 6 月 12 日
♛ 法国
圣女贞德与阿朗松的约翰二世共同率领法军向英军发起了第一次进攻。雅尔若战役是法国试图夺回英格兰控制的卢瓦尔河沿岸城市的第一场战役。在一系列的小冲突中，大多数英军的高级指挥官都被杀或被俘了。

卢瓦尔河畔默恩战役
1429 年 6 月 15 日
♛ 法国

戈贝沃伊战役
1435 年 5 月 9 日
♛ 法国

鲁昂战役
1449 年 10 月 29 日
♛ 法国

卡斯蒂永战役
1453 年 7 月 17 日
♛ 法国

爱德华战争

百年战争的第一阶段现在被称为爱德华战争，它从1337年持续到1360年和平条约的签署

- 26　爱德华三世
- 30　腓力六世
- 34　催化剂
- 39　海战
- 44　克雷西有名无实的胜利
- 50　"黑太子"爱德华
- 53　约翰二世
- 57　战斗中的王子
- 64　《布雷蒂尼条约》

58

32

52

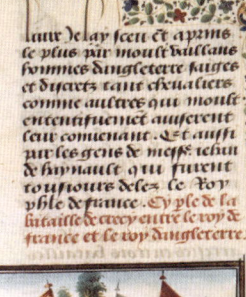

47

60

关键人物

爱德华三世

作为国内统治者和军事领袖,金雀花王朝的这位刚愎自用、凶猛残忍的好战国王把英格兰塑造成了欧洲最早的真正的超级大国之一

国王爱德华三世是英格兰及其周边地区已知的、最有前瞻性的——更重要的是——最成功的统治者之一。他长达半个世纪的统治见证了瘟疫、战争、政治阴谋和司法动荡,这一切都使这个小岛转变为一个军事强国。这是英格兰历史上极具戏剧性的时期,同样充满戏剧性的是爱德华的王位之路。

爱德华于1312年11月13日出生于温莎城堡,是国王爱德华二世和他的妻子——法国的伊莎贝拉——唯一的孩子。他的父亲在位期间,大部分时间都在与贵族进行政治斗争,而一个强壮的男性继承人的出生至少在一段时间内巩固了他的地位。1325年,爱德华二世被要求向法国国王查理四世朝拜。国内正在与苏格兰进行持续的战争,国王对在这个时候离开国家感到不安,于是他派去了13岁的儿子和妻子伊莎贝拉。然而,伊莎贝拉却与被流放的罗杰·莫蒂默密谋篡夺王位,并计划安排爱德华王子继任王位。

虽然年轻的爱德华现在已经成为国王,但他只不过是他母亲和莫蒂默的政治棋子。为了获得法国的军事支持,伊莎贝拉组织了一场与12岁的

> 尽管偶尔会遇到军事(或政治)上的挫折,但爱德华三世在他统治的大部分时间里,都享有很高的声望。

▲ 爱德华三世死后的画像

埃诺的菲利帕的约会，不久，莫蒂默带领一支军队来到了英格兰。爱德华二世被迫退位，当时年轻的爱德华已经成年，因而即位国王，但莫蒂默才是英格兰实际上的统治者。

莫蒂默除了名义上不是君主外，在其他方面都行使着君主的权力。随着他为自己积聚的土地越来越多，他也越来越不得人心。局势在1330年10月19日达到了爆发点，年轻的国王和他最信任的盟友通过地下通道进入诺丁汉城堡，并很快逮捕了叛国的莫蒂默。爱德华个人统治的时代终于开始了。

爱德华的统治就是一场持续了50年的战争。在他父亲统治的大部分时间里，英格兰一直在向法国国王朝拜，但这一切即将改变。爱德华为人刚愎自用，作为一个君主，这确实非常危险。爱德华以自己与腓力四世有血缘关系为由，决定向法国提出王位继承的主张。法国对此的回应是，根据《萨利克继承法》（一部中世纪的手稿，为法国立法奠定了基础，包括继承权的规则）拒绝了他的主张。这种政治首脑之间的碰撞

▲ 爱德华三世对这个王国的影响巨大，他的坟墓——还有这尊青铜雕像——仍然保存在威斯敏斯特大教堂里

将形成百年战争的起源，也将欧洲大部分地区卷入无数的战役中。

尽管这场冲突最终会对英格兰有利，但重建海军的资金和频繁的军事行动却给英格兰经济带来了相当大的压力。爱德华需要现金来继续向法国施压，但他发现国库已经快空了。爱德华最终得到了他需要的资金，但这是有代价的：1341年4月，议会起草了一份新的税收拨款计划，作为回报，爱德华不得不接受对他自己支出的某些限制。这样的规定惹恼了国王，这是他第一次品尝到议会敢于反抗君主专制统治的滋味。

爱德华坚定地希望扩大英格兰对法国领土的控制。他在克雷西战役中战胜腓力六世国王震撼了法国（同时镇压了苏格兰国王大卫二世的军事行动），直到《布雷蒂尼条约》的签订，爱德华才最终放弃对法国王位的要求。英格兰在当时处于优势地位，爱德华声称对他在法国征服的土地拥有完全的主权（几乎占了当时整个英格兰领土的三分之一）。

14世纪50年代的这十年见证了立法活动的繁荣。爱德华对英格兰司法系统的阴暗感到失望，这成为他优化和精简政治体系的动力。这在黑死病（一场导致全国三分之一以上人口死亡的淋巴腺鼠疫）的背景下尤为重要。他最初试图通过立法改善工作条件来解决劳动力短缺的问题，但这不足以解决问题。然后，他取消教皇的封赏，对有关叛国罪的法律进行改革，并增加巡游治安官的权利，这些都产生了深远的影响，这种影响在他死后仍然持续了很久。

虽然爱德华统治的大部分时间都充满活力和军事征服，但他统治的后半部分却走向了相反的方向。由于对国内王权的阴谋诡计感到厌倦，年迈的爱德华越来越依赖于他最活跃的孩子们："黑太子"爱德华、克拉伦斯公爵莱昂内尔和兰开斯特公爵约翰。但在他儿子们的统治下，英格兰失去了法国的大量土地，这使得他们在英格兰公众中非常不受欢迎。具有讽刺意味的是，虽然爱德华在1377年去世之前经历了大部分灾难，但他死时已经默默无闻，这反而凸显了他早期统治的丰功伟绩。

50年的国王生涯

死亡，胜利

虽然爱德华三世做了很多事情让英格兰重新回到欧洲的政治版图，却没有什么能让这个国家为黑死病做好准备。黑死病从1346年到1353年肆虐欧洲，在整个欧洲大陆造成了7500万到2亿人死亡。在英格兰，黑死病夺去了三分之一以上人口的生命。

一种新的政府形式

在爱德华统治时期，英格兰议会开始呈现出一种大家熟悉的形态。该机构在性质上变成两院制，这意味着议会被分为两个单独的议会，即上议院和下议院。这一时期还引入了议长和议会弹劾权。

嘉德勋位

爱德华曾计划引进一个类似于亚瑟王的象征性圆桌会议的机构，但这个想法很快就落空了。取而代之的是英格兰国王设立了嘉德勋位，这是一个荣誉团体，只授给这个国家最有骑士风度的绅士（或女士）。新的任命总是在圣·乔治日宣布。

国法

臭名昭著的黑死病造成了人口的大量损失，引发了英格兰的经济危机，劳动力供给急剧减少。为了压制劳动力，1351年英格兰通过《劳工法令》。新法律禁止提高工资，禁止工人为寻求更好的工作条件而离开家乡。

维持和平

亨利二世时期创立的"治安法官"一职，在爱德华三世的统治时期经历了其最重要的权力发展阶段。法官是国王的眼睛、耳朵和传令者，他们前往王国的各个角落，以国王的名义颁布法律。在爱德华的授意下，法官不仅可以逮捕罪犯，还可以审判重罪嫌疑人。

关键人物

腓力六世

瓦卢瓦家族的第一位法国国王
腓力对王位的觊觎引发了百年战争

1328年5月29日,国王腓力六世在兰斯大教堂加冕,在非同寻常的情况下登上了法国国王王位。虽然他是瓦卢瓦王室的一员,但在旁观者看来,他对王位的要求是站不住脚的。在他统治期间,人们给他取了个绰号"幸运儿"。也许这反映了他在逆境中保有权力的能力,因为他一直在与潜在的篡位者、漫长的战争及14世纪中期席卷法国和欧洲大部分地区的黑死病做斗争。

腓力的统治遗产主要在于百年战争的影响,这场从1337年至1453年间断性的百年战争,重塑了欧洲的权力平衡,并形成了现代英格兰和法国的国家界限。1328年,法国国王查理四世去世,没有留下男性继承人,于是关于他的继任者出现了争议。英格兰国王爱德华三世与这位已故的国王在血缘关系上的确是最亲近的——他是查理四世的妹妹伊莎贝拉的儿子,也就是已故国王的外甥。然而,瓦卢瓦的腓力,即查理四世的堂兄,通过援引《萨利克继承法》成为了瓦卢瓦家族的第一位法国国王。《萨利克继承法》是一部古老的法典,可以追溯到公元6世纪的克洛维斯时代,克洛维斯是第一位法兰克国王。在一次法国贵族和神职人员的会议讨论之后,《萨利克继承法》规定女性没有资格继承法国的王位,并认定其后通过女性血统继承王位是无效的。

因此,伊莎贝拉不能把王位传给她的儿子,因为她自己在法律上从来没有拥有王位的权利。查理四世去世时,他的遗孀让娜·德埃夫勒正怀着身孕。如果她生下的是男孩,将成为王位的继承人。腓力一直担任摄政王,直到1328年4月1日,查理四世的女儿布兰奇出生,才为腓力登上王位打开了大门。

虽然爱德华三世默许了腓力六世的加冕,两人也保持了数年相当融洽的关系,但一系列的分歧最终还是导致了百年战争的爆发。在那个时期，英格兰国王和男爵们控制着封地或公爵领地——欧洲大陆上的大片土地，后来成为今天法国的一部分。当爱德华因其在阿基坦省和其他地方的法国领土而被迫向腓力致敬时，这位英格兰君主发表了一篇演说，引起了许多人对他的忠诚度的质疑。

成为国王后不久，腓力就回应了佛兰德伯爵路易一世的求助。在过去的五年里，一场反对过度征税和路易亲法政策的农民起义不时爆发。腓力派遣法国军队介入，无情地镇压了叛乱，并在1328年8月的卡塞勒战役中取得了决定性的胜利。1334年，法国国王激怒了爱德华三世，因为他庇护了苏格兰国王大卫二世，并发誓要在英格兰和苏格兰持续冲突期间保护布鲁斯家族的利益。三年后，爱德华反击，与神圣罗马帝国皇帝路易四世结盟。

随着局势越发紧张，两国关系达到了一个临界点：阿图瓦的罗伯特三世（曾是腓力信任的顾问），在犯下严重罪行后逃往英格兰。他的罪行包括企图在法国王室成员反对的情况下伪造文件，以获得阿图瓦伯爵的头衔。1336年12月，腓力要求将罗伯特引渡到法国受审，但遭到拒绝，这令他义愤填膺。1337年5月24日，腓力宣布没收爱德华三世的阿基坦省，因为他现在是法国的死敌。

爱德华三世重新夺回了法国王位，随后的百

▲ 克雷西战役是英格兰在百年战争中取得的重要胜利，它令法国国王腓力六世陷入困境

▲ 在法国最动荡的几十年里,法国国王腓力六世统治了20多年

历史学家认为,腓力六世死于过度疲劳。他去世时,妻子已有孕在身。

在克雷西战役中,腓力六世在与爱德华三世率领的英军对抗时负伤,但他在惨败中设法幸存了下来,并免于被俘。

▲ 克雷西战役后,国王腓力六世在布鲁瓦城堡避难

跛子让娜

当国王腓力六世在百年战争的战场上作战时，这位意志坚强的法国王后在宫廷里宣布了自己的意愿

虽然法国王后、腓力六世的第一任妻子勃艮第的让娜被称为"跛子让娜"，但没有确凿的证据表明她身上何处有畸形，或者她是否有身体残疾。

我们所知道的是，百年战争期间国王去指挥他的军队而长期缺席执政时，她担任了摄政王。让娜获得了刚愎自用的名声，她管理着宫廷事务，也被称为"瘸腿且邪恶的王后"。

让娜是个聪明绝顶的女人，也是个爱读书的人。她负责将许多著作翻译成了普通法语，她还是腓力的继任者约翰二世国王的母亲。她于1349年12月12日死于鼠疫，被安葬在圣丹尼教堂。不过，她的坟墓在法国大革命中被毁。

▶ 王后"跛子让娜"担任摄政王，而她的丈夫腓力六世国王则不在宫廷中

年战争因敌国及其盟友的命运起起伏伏变成了一场拉锯战。在最初的三年里，军事行动很少，但是1340年在斯鲁伊斯海战中，腓力的海军遭到毁灭性的打击，这限制了法国的进攻能力。与此同时，法国贵族之间的分歧削弱了腓力的权力。由于担心勃艮第公爵日渐扩大的影响力，1343年，法国召开了一次大议会。

1346年8月，英格兰人在克雷西战役中再次重创法国人，并围攻加来港。1347年7月，腓力率领军队向该城进发，意图解救该城。然而，爱德华的阵营强大，8月腓力撤退，加来落入英格兰人手中，且持续了200年。这些重大的挫折导致三级会议（法国的一个等级代表大会）拒绝评估继续支持战争的税收。腓力对英格兰进行报复性入侵的宏伟计划失败。

几个月后，黑死病从东欧咆哮着进入法国。该国大约三分之一的人口死于这场持续到1353年的大瘟疫。这场瘟疫的影响是广泛的。劳动力和军队的规模大幅缩减，生产受到影响，经济通胀失控。控制通胀的努力虽然成功了，却也进一步破坏了法国经济的稳定。

1349年，腓力的王后勃艮第的让娜去世后，他与自己的儿子约翰以及许多法国贵族疏远了。1350年1月，他娶了比自己小40岁的美丽的纳瓦拉的布兰奇，一个之前曾和他的儿子约翰订过婚的女人。七个月后，腓力六世去世，享年57岁。他去世后，法国仍旧处于动荡之中。

催化剂

领土和个人之间的竞争使爱德华三世和腓力六世的关系恶化，一个小小的火花就引发了欧洲历史上耗时最长的战争

文 / 德里克·威尔逊

　　这场战争是由长期的领土冲突引起的，而两个好战、暴力、易怒且野心勃勃的国王之间的个人冲突又加剧了这场战争。爱德华从被谋杀的父亲手中继承王位时只有15岁。为了获得阿基坦的土地，他在形式上——但不情愿地——屈从了腓力，成为他的封臣。爱德华急于摆脱这种从属地位，因为这使他很难有效地管理他的领土。另一方面，腓力同样想要建立起对农业资源丰富的阿基坦的直接控制。

　　阿基坦人总是挑拨一个领主与另一个领主相斗。但这并不是造成纷争的唯一原因。另一个原因是苏格兰。爱德华声称自己是苏格兰国王大卫二世的封建大君主，但正如爱德华对他的领土的干涉激怒了腓力一样，腓力也因为支持和鼓励苏格兰国王而激怒了爱德华。

　　此外，英法两国舰队在英吉利海峡的冲突也加剧了紧张局势。在很短的时间内，竞争变得尤为激烈，以致双方都抓住一切机会互相激怒对方。1334年，腓力给逃离爱德华的大卫二世提供庇护。而爱德华则支持布列塔尼的反法派，并在布列塔尼海岸维护防御工事。到1337年，两位统治者都在为战争寻找借口。

　　战争的直接催化剂是罗伯特·德·阿图瓦，他是腓力妻子同父异母的兄弟，曾是瓦卢瓦王朝继承王位的坚定支持者，但后来却与国王闹翻了，因为他在试图通过犯罪手段获得世袭土地。

　　他雇人伪造文件，在被发现后逃离。他最终跑到了英格兰，在那里，他不仅得到了爱德华的保护，还为其提供了重要的政治信息，目的是尽可能多地伤害腓力。爱德华在多大程度上决心继承法国王位尚不清楚，但可以肯定的是，罗伯特鼓励他采取这一行动。然而，腓力却轻松地做出了决定。1337年5月，他声称爱德华违背誓言，救助了国王的敌人，宣布没收阿基坦，并派兵占领了它。

▲ 在比利时根特的一个广场上矗立着一座纪念雅各布·范·阿特韦尔德的雕像

爱德华在低地国家的盟友

1337年，现在的比利时北部地区被分为布拉班特公国、佛兰德郡和埃诺郡。佛兰德在经济上对英格兰的重要性不亚于阿基坦。布之于佛兰德，犹如酒之于阿基坦。

佛兰德的织工是那个时代的能工巧匠。他们从英格兰进口羊毛，再把布出口到英吉利海峡对岸。他们的产品遍及欧洲，甚至远至东方。该地区的主要城镇——安特卫普、根特、布鲁塞尔和布鲁日——是阿尔卑斯山脉以北的主要商业中心。这里不仅住着富有的商人，还住着国内和国际银行的代表——这些人把钱借给国王，使他们能够发动战争。

双方都希望得到这些公国的支持，而腓力则向他的领地封臣佛兰德伯爵施加压力。1339年，雅各布·范·阿特韦尔德因领导一场中产阶级起义支持爱德华而被迫逃亡。

爱德华的王后菲利帕是埃诺伯爵威廉一世的女儿，因而英格兰国王得到了姻亲们的支持。布拉班特公爵有些犹豫不决，但最终还是决定给爱德华派军队。这些协议，加上罗伯特·德·阿图瓦的支持，为爱德华的第一阶段战争提供了极好的基础。

▲ 爱德华三世向法国腓力六世下跪

他必须让他们相信他的事业是正义的。

爱德华本可以让自己的军队登陆加斯科涅海岸，收复失地，但这个计划有两个问题。首先，他的军事力量远不如腓力——面对法国国王的正面交战，他需要盟友。为了说服其他君主帮助他，他必须让他们相信他的事业是正义的。

宗教是骑士精神的重要组成部分，人们普遍认为，上帝只会让"正义之战"的一方获胜。根据骑士制度，只有在封建君主违反了封建法律的情况下，反对他的诉求才有效。爱德华能让腓力犯什么违反骑士精神的错误呢？腓力篡夺了应该属于爱德华的正当的法国王位。爱德华发起了一场强有力的宣传运动来支持自己的主张。

尽管爱德华潜在的盟友在考虑这项事业的神圣性时是真诚的，但他们心里也有更实际的考虑。腓力是个很有势力的邻居，在没有把握赢得胜利的情况下，最好还是不要去激怒他。但是另一方面，这是有利可图的掠夺并可能得到赎金，这在一场正义的战争中是合法的特别待遇。

1338年7月，爱德华的入侵部队越过英吉利海峡，在卢万建立了基地。他召集了一次会议，该地区的大多数统治者都参加了此次会议，双方进行了艰苦的交涉，爱德华在斯鲁伊斯取得的胜利成了决定性因素。爱德华在人力上的劣势现在被战略上的优势所抵消，那就是迫使腓力将他的军队分开来面对东北和西南的敌人。

这位英格兰国王原先可能没想到，一场殊死战斗会让他成为整个法国无可争议的统治者，但他现在觉得自己有能力击败腓力的抵抗，并迫使其做出重大让步。他无法想象他的王室后代在五代之后还将进行同样的战争。

▲ 法国国王腓力六世对罗伯特·德·阿图瓦的审判

海战

爱德华三世和腓力六世争夺法国王位的争端蔓延到分隔两国的海域，一场争夺航道控制权的激烈争斗随之展开

英格兰是一个在欧洲大陆上被海洋分离的王国。然而，当1337年百年战争爆发时，拥有和维持一支海军却仍然是两个主要交战国次要考虑的问题。

在1337年之前，由于拥有法国执照的海盗经常骚扰与低地国家和法国进行贸易的英格兰商船，双方的海上交战一直持续不断。这种情况在战争开始后有所增加，当时越来越多的法国船只开始加入突袭，而英格兰海盗也开始了他们的交易。

爱德华三世拥有一支小型的皇家舰队，但在战争时期，他行使了他的封建权利，征用商船并将其改装成战船。这些船只增加了船头楼、船尾楼和瞭望台，以此充当弓箭手射击的平台。英格兰船只主要是柯克船——这是一种大型的高侧舷的船，只有一面巨大的横帆。英格兰拥有当时最大的船只。

由于海外贸易蓬勃发展，英格兰沿海地区的港口都被商船塞满了，国王因此得以征集大量的商船。爱德华和他的下属可以用很少的成本征用这些船只，但最终被证明，对经济的长期影响是毁灭性的。法国根本征集不了那么多商船，因为法国的海上贸易和腓力六世对海岸的控制都是有限的。相反，他们主要依靠单层甲板大帆船——一种由桨和前后帆提供动力的快速大船。它们重量轻、船体修长、吃水浅，但比柯克船要快得多，也更容易操纵。腓力国王还从热那亚和西班牙雇用大帆船来支援和维持他的海军力量。

当时，船只要么用作运输船，对敌方海岸线进行突然袭击；要么用作漂浮的平台，靠近、钩住、拉近敌人的船只，然后，披甲武士会像在陆地上一样进行近身肉搏。更大、更重的船只在海战中有明显的优势，但是快速的单层甲板大帆船可以进行毁灭性的袭击。

开阔的海上交战有利于法军，他们沿英格兰海岸线和海峡群岛进行了突袭。朴次茅斯被摧毁，南安普敦被烧为平地。1338年，根西海峡。航道的重要守护者被一一攻占，当时两艘最大的海上船只"克里斯托弗号"和"爱德华号"也被俘虏。英格兰的资源被破坏，他们的部队被束缚在沿海各地，无法抵御任何进一步的袭击，更没有能力入侵法国。这还破坏了英格兰经济，切断了其补给线和增援线，形势明显对法国有利。

到了1340年，爱德华决定采取行动——法国人的突袭造成的破坏及法国舰队向欧洲大陆运送大批军队背后的企图所构成的威胁，理应得到强有力的反击。他开始征用更多的商船，并前往各个港口寻求支持。英格兰海军受到了分裂和对抗的牵制，其中北方舰队和五港同盟之间的对抗尤为激烈，但是爱德华还是将不同的军队聚集在了一起。最终，他集合了一支约有150艘船只的舰队（不同消息来源对这一数字的估计相差甚远）。

船上挤满了水手、披甲武士和配备长弓的弓箭手。到6月中旬，准备航行了。由爱德华亲自率领的舰队前往当时繁荣的贸易港口佛兰德的斯鲁伊斯。法国的舰队大约有200艘船只，在港口外占领了一个强大的防御阵地，以帮助法国陆地部队入侵低地国家，并防止英格兰的干预。

爱德华派侦察兵去探明法国的阵地，并试图争取当地人的支持。他们发现敌军舰队排成了三排，其中最大的船停在最前面，每排船都被拴在一起，以便登船时相互支援。然而，这样却失去了舰队的机动能力，让英军掌握了主动权——他们可以移动、攻击、撤退或向法国军舰发射大量的箭。

但法国海军上将吉埃赫和贝羽塞确信，单凭他们的兵力就足以阻止英军。舰队中有卡斯蒂尔和热那亚的雇佣兵，后者由埃吉迪奥·博卡内格拉（也被称为"巴巴韦拉"或"黑胡子"）指挥。他力劝船队出海，但遭到拒绝。

英军侦察兵没有得到佛兰德人的支持，这要么是因为佛兰德人认为这一计划不太可能成功，要么是因为他们根本没有时间集结兵力。但爱德华并没有被吓倒，他坚持直接进攻，他相信弓箭手们可以对法国船员造成巨大的伤害，他是有胜算的。

1340年6月24日，爱德华的舰队逼近法国舰队——法国舰队在茨温河口的斯鲁伊斯港口外慢慢漂移。爱德华最大的战船驶向前线，成功地将敌人相互固定的船只转化为对他们有利的因素，从高处射出的箭雨落在法国船只上。

当法军试图用他们的弩进行回击时，却被英军的几个关键优势所打败。首先，英军的长弓远远优于弩，因为它可以发射得更准确、更迅速——可能是四倍的速度；其次，英军舰队是背光的，所以法国人很难看清楚敌方船上的弓箭手；第三，第二排和第三排的法国单层甲板大帆船都低沉地浮在水里，使较高的英军船只占了上风。

在向敌人射出一阵箭雨后，英军船只钩住了法国船只并登上了他们的船，残酷的肉搏战随之而来。海上战争比当时血腥的陆地战争更加残酷，因为士兵们没有机会掉头逃跑——只有那些有赎回价值的人被俘虏了。那些被认为没有价值

英格兰海军受到了分裂和对抗的牵制。

▲ 爱德华三世设法从英格兰的五港同盟强征船只以换取贸易特权

> 据报道,腓力六世的朝臣们没有一个敢告诉他法军在斯鲁伊斯战败的消息,他们把这个任务留给了宫廷弄臣。

▼ 一幅15世纪典型的中世纪风格单层甲板大帆船的画像。它们吃水浅、船体修长、速度快,可以逆风而行,这使得它们具有强大的进攻能力,尤其是在袭击南安普敦这样的港口时

的人要么是被刺死后扔到海里;要么就被直接扔到海里淹死。那些足够强壮能够游到岸边的人,也会被要复仇的当地人毫不留情地打死。这在很大程度上解释了当时海战中极高的伤亡率。

战斗一直持续到下午,英军的优势很快显现出来,法军前线损失惨重。更多的船只拥入战场,法国舰队的第二排和第三排船只也遭到了对方的袭击。这场战争显然是英军占了上风。在意识到这一点后,巴巴韦拉带着他的热那亚单层甲板大帆船逃跑了,并在逃跑过程中设法俘获了两艘英格兰船只。

夜幕降临时,潜伏在茨温河口的斯鲁伊斯港和其他港口的人鱼贯而出,从后方袭击法国战舰。深夜时分,幸存的法国船只试图逃跑,但多数未能如愿。

突袭南安普敦

熙熙攘攘的南安普敦港是中世纪英格兰的一个主要贸易中心,大量的葡萄酒、羊毛和其他货物从这里经过。

这座城镇只有部分围墙,守备部队挤在一座自诺曼时代就存在的城堡里。到1338年,城南和城西的城墙已经倒塌,不复存在。镇上的领袖们多年来一直忽视了防御工事,现在他们遭到了懒惰的报应。

1338年10月4日,50艘满载诺曼人、卡斯蒂尔人和热那亚人的船只驶向英格兰的一个主要港口南安普敦,在西码头靠岸,那里没有防御。镇上的人们大吃一惊,大部分人都逃走了——那些跑得不那么快的人被强奸、杀害或奴役。在第二天英军还没来得及召集士兵击退袭击者之前,这个城镇就被洗劫一空,并被烧为平地。

这次袭击是典型的法国策略,即突袭并摧毁英格兰的贸易和资源,耗尽英格兰的军事力量。快速的单层甲板大帆船可以逆风航行,无所畏惧地攻击海岸的任何地方。在斯鲁伊斯海战之前,就已经证明这是一种有效的策略。

▲ 英格兰海军开始发展,但法国最终将其击溃,逆转了百年战争的局势

战役结束时,法国的小舰队遭到了巨大的破坏,200艘船只中损失多达190艘。但法军的人员伤亡更大:18000名法国士兵被杀——和多数情况一样,不同的记录显示的数目不同。有些人尤其喜欢夸大死亡人数,好像付出更高的人力伤亡代价才能取得更大的胜利一样。

伤亡人员中有两名法国指挥官:吉埃赫在战斗中阵亡,贝羽塞在被俘后不久被绞死。英方在战斗中只损失了两艘船,尽管他们的人员伤亡也很惨重。就连爱德华国王自己也在战斗中腿部受了伤。

对爱德华来说,斯鲁伊斯是一场全面的胜利,使得英格兰取得了宝贵的航道控制权。此后这个国家享有了几年的海上霸主地位,但法国人重建了自己的舰队,并在接下来的几年里恢复到了可以与英格兰势均力敌的程度。

虽然这是一场毁灭性的失败,但事实证明,它对腓力六世和法国的事业远未达到致命的程度。与此同时,英格兰在战争中继续依赖商船,最终损害了经济,也削弱了战争的成果。

战斗一直持续到下午,但英军的优势很快显现出来。

决定性的战役

克雷西有名无实的胜利

爱德华三世赢得了欧洲战争中最惊人的胜利之一，
却未能从胜利中获利

文 / 德里克·威尔逊

　　直到1346年，爱德华三世和腓力六世才在战场上兵戎相见。这两位国王都由于缺乏资金和有其他的军事任务而无法发动全面战争。他们还必须与对"昂贵"战争缺乏热情的议会抗衡。

　　1346年8月26日，当法军和英军对峙时，有两个因素对结果起到决定性作用——古老的骑士精神和军事技术的新发展。

　　骑士精神起源于基督教理想主义和社会等级制度。马背上的骑士是统治阶级的一员。他们身披铠甲，手持长矛和长剑作战，在马上锻炼自己的技能。至少从理论上讲，他们在战争与和平时期都表现得很体面。在战争中，他们组成了一支强大的精锐部队，冲锋陷阵，成为中世纪横扫一切的力量，骑士们俯视他们在战场上的伙伴——弓箭手、长矛兵和其他使用各种剑、斧头等武器进行战斗的士兵。

　　然而，随着新的、更有效的武器，特别是长弓和弩的发展，战争礼仪发生了变化。骑士精神的准则不允许使用这种可以远距离杀人的武器，战争被认为是勇敢的人的追求——在肉搏战中面对彼此。克雷西战役中，新型武器的使用挑战了传统规范。自此之后，中世纪的战争面貌被改变。

　　1344年，爱德华在温莎举行了一场盛大的马上比武会，温莎王国的大多数封建贵族及其随从都参加了。这一场盛大的骑士展示旨在团结支持远征法国的英格兰军事精英。从表面上看，这好像是为了实现爱德华对王位的要求，但实际上，入侵计划很可能是为了迫使腓力放弃对阿基坦的所有要求。这场奢华的展示，连同布道和其他的反法宣传及掠夺财物，吸引了一支异常庞大的战斗队伍——4000名披甲武士和10000名弓箭手，还有来自威尔士和爱尔兰的步兵，以及来自爱德华的佛兰德盟友的雇佣军。

▲ 爱德华战争

　　7月，军队在卡昂附近的诺曼底海岸登陆，在乡间横冲直撞、肆意掠夺。根据约翰·傅华萨（爱德华的王后菲利帕·埃诺的宫廷记录者）的记录，市民一见到英军就恐惧和惊慌："居民们看到英军的旗帜在微风中飞扬，听到弓箭手们的吼叫时，慌乱地从城里跑出来……仓促中互相绊倒。"

　　爱德华的军队继续向东北进发，沿途积累了数百车的战利品。与此同时，腓力集结了一支规模更大的军队，准备阻止英军对巴黎的进攻。如果巴黎是爱德华的目标，他现在就必须放弃，然后向海岸进发，以便安全地把他的军队和劫掠的战利品用船通过英吉利海峡运回国。意识到必须与追击的法军作战之后，爱德华在山脊上选择了一个绝佳的防御位置，其侧翼受到瓦迪库尔特镇、克雷西昂蓬蒂约镇和梅耶河的保护。

战争礼仪正在发生变化。

法国国王应该采取的稳妥战斗策略是切断通往海岸港口的路线，迫使英军进入开阔地，在那里，由法国30000名士兵(12000名披甲武士、12000名步兵和6000名弩手)迅速解决入侵者。然而，他却犯了一连串的错误。

首先，他决定在远离战区的地方扎营，这使他的士兵要在经过疲惫的行军后才能到达克雷西作战；其次，他做出了错误的判断，派遣他的弩手在前面攻击敌人，但他们的武器射程不足以造成大的伤害；第三，腓力在未加思索的情况下下令让骑兵发起常规冲锋，虽然随后他经过思考，又下令延迟进攻，但为时已晚，战局进一步恶化。

骑兵的领袖们——法国骑士精神的典范——要么没有收到国王的命令；要么无视国王的命令。他们相信自己作为战士的优越性，顶着刺眼的阳光，沿着长长的斜坡，大喊着向敌人的战线冲去。这一鲁莽的举动使得他们踏在自己的弩兵身上，冲锋的动力受到自己人的阻碍。这些弩兵在骑兵眼里是出身低贱、步履蹒跚的业余士兵，他们毫不犹豫地砍倒了这些士兵。这时，爱德华的弓箭手们开始射箭。他们的箭射程可达200

在这场持续到傍晚的战斗中，至少有13000名士兵阵亡。

米，如雨点般落在法国人身上。就在腓力的士兵们试图脱身的时候，英军开始向前推进。但冲锋在前的并不是全副武装的骑士，而是弓箭手。他们先行有效地保持快速射击，步行的披甲武士紧随其后——他们的马在肉搏中会成为累赘。

这场屠杀是惊人的。战斗一直持续到傍晚，据估计，至少有13000名法国和盟军士兵阵亡，法国骑士贵族的骄傲也被摧毁。至于英军胜利者，则损失极少（可能不超过300人），他们的步兵装备简陋，除了用粗糙的工具制成的武器外，再没有什么更复杂的武器了，但他们的战斗力和骑士一样强。

战争形势在变化，但军事指挥官需要时间来调整他们的思路。爱德华太沉迷于计算胜利带来的利益（战利品和富有俘虏的赎金），以至没有跟踪并摧毁逃跑的腓力军队，也没有向防守薄弱的首都进发。他继续向海岸挺进，最终到达了加来，这是他最好的登船港。但是当地居民进行了顽强的抵抗，爱德华用了11个月的时间才使他们因饥饿而投降。

加来为爱德华和他的继任者们提供了一个至关重要的基地，它在后面的战争里被证明至关重要。为了庆祝战争的胜利，1348年国王建立了一个新的骑士团——嘉德骑士团。然而，那时他和他的对手还要担心别的事情——黑死病。

克雷西战役

爱德华的弓箭手们是如何帮助他获胜的

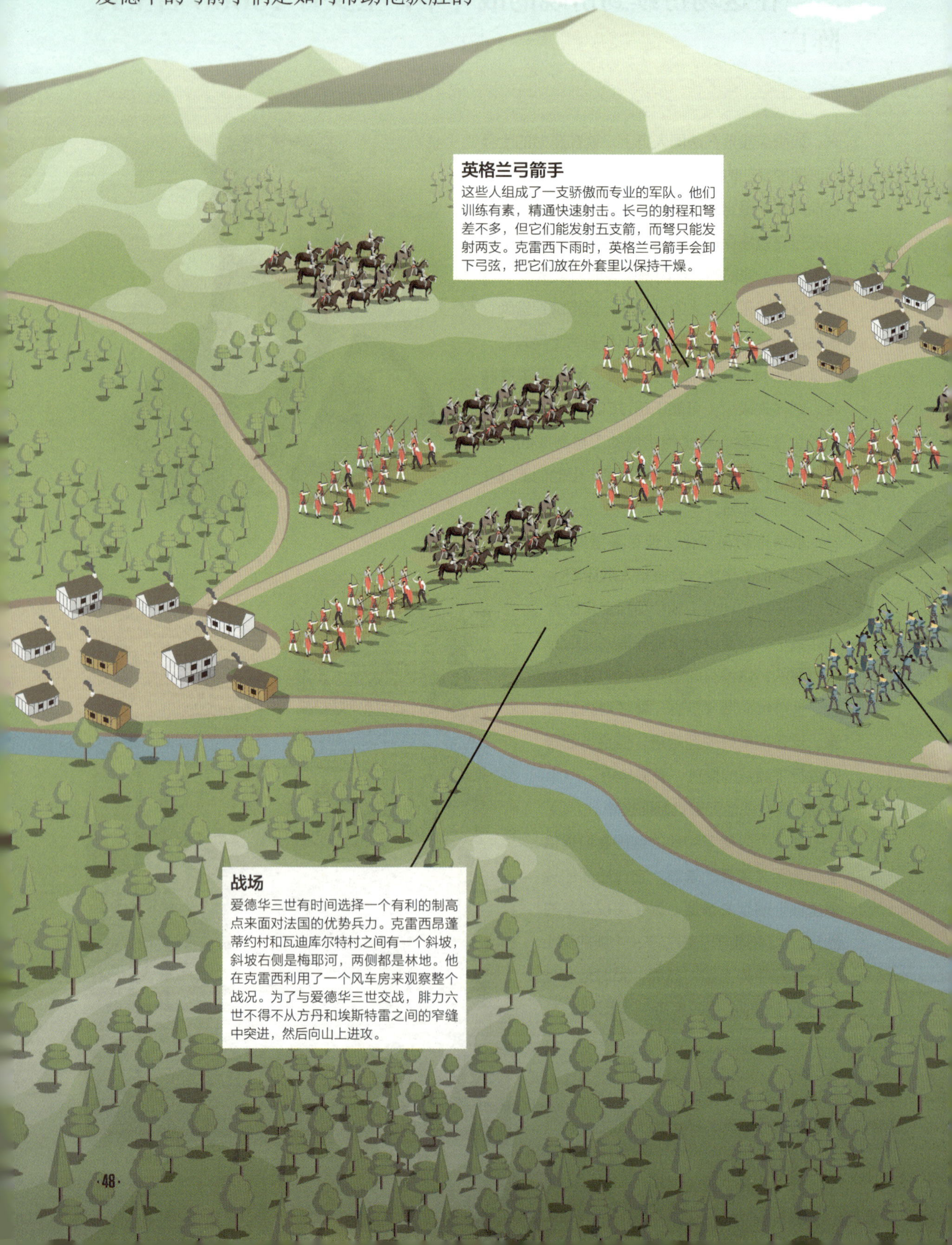

英格兰弓箭手

这些人组成了一支骄傲而专业的军队。他们训练有素,精通快速射击。长弓的射程和弩差不多,但它们能发射五支箭,而弩只能发射两支。克雷西下雨时,英格兰弓箭手会卸下弓弦,把它们放在外套里以保持干燥。

战场

爱德华三世有时间选择一个有利的制高点来面对法国的优势兵力。克雷西昂蓬蒂约村和瓦迪库尔特村之间有一个斜坡,斜坡右侧是梅耶河,两侧都是林地。他在克雷西利用了一个风车房来观察整个战况。为了与爱德华三世交战,腓力六世不得不从方丹和埃斯特雷之间的窄缝中突进,然后向山上进攻。

骑士

爱德华在克雷西的成功源于他对新式武器的了解，包括早期的大炮。他更加信任他的弓箭手们。考虑到在克雷西这样行动受限的地点，骑兵部队没有空间进行战斗，下马骑士在徒步的情况下，进行肉搏战会更有效。具有讽刺意味的是，当爱德华创立著名的嘉德骑士团时，古老的、英勇的马上骑士形象已经过时了。腓力六世的悲剧在于，他无法像对手那样深谋远虑，而是继续依靠骑兵冲锋。更让他蒙羞的是，他还在战斗中失去了军旗，那是法国皇家旗帜，据说是从查理曼大帝时代传下来的。

热那亚的弩手

意大利雇佣兵以擅长使用钢弩而闻名。钢弩最初是一种狩猎武器，教皇禁止使用它来对付基督徒。这也许可以解释为什么腓力没有使用法国弓箭手。弩发射的是钢制穿甲螺栓，有效射程为150—200米。与长弓不同的是，这种弓不需要太大的力量来操作，因此农民可以很快掌握，而且雇佣农民的成本也很低，但它们的主要缺点是重新装弹时间长。在克雷西，弩手们也因一场大雨而行动受阻，使他们的弓弦松弛了下来。

关键人物

"黑太子"爱德华

爱德华三世的长子是一位英雄,他的魅力可能超过了他的成就

文/德里克·威尔逊

让·傅华萨给威尔士亲王爱德华下了两个定论。这位编年史家把他描述成一个残酷无情的军事指挥官,致力于暴力和掠夺。例如,他记录了1370年爱德华如何"被激情和复仇所影响",残忍地下令屠杀包括妇女和儿童在内的3000多名利摩日居民,然而,在"黑太子"死后,傅华萨却称赞他为"全世界的骑士精神典范"。

这两种评价都有道理。战争是个肮脏的东西,军事英雄们无法避免被它玷污——这就是为什么对"黑太子"的评价仍然是一个谜。他同时被誉为国家的战士和暴徒。

我们甚至不知道爱德华的绰号"黑太子"是怎么来的,这个绰号直到很久以后才出现在编年史里。有些人认为它描述了他的外貌或性格,另一些人则认为这指的是他在克雷西战役中所穿的盔甲的颜色。

爱德华是爱德华三世和他的王后埃诺的菲利帕的长子。他的父亲有意把他培养成军人,以便他能在与法国的持续冲突中发挥重要作用。王子是个孝顺的儿子。他为自己的盾徽选择的座右铭是"Ich Dien"或"I Serve"(我服役),这表明了他虔诚的奉献精神,他几乎把所有的成年岁月都花在了作战上。

他刚满16岁就率领军队前往诺曼底,攻占了该省,并在克雷西大败法军,占领了加来。事实证明,克雷西是"黑太子"的火的洗礼。他被任命为英军右翼指挥官,有经验丰富的指挥官支持,但是当面对热那亚的弩手队伍溃败时,爱德华表现出了经验不足——带领队伍下山进行短兵相接的肉搏战。

而法国方面,阿朗松伯爵抓住机会马上发动了一次反攻。爱德华一度被包围,有被杀或被俘的危险。这个消息很快传到国王那里,请求国王来营救他的儿子。但国王的回答是:"只要王子

事实证明,克雷西是"黑太子"的火的洗礼。

没有受伤,就不会有任何救援。我们不会剥夺他胜利的荣誉。"

尽管如此,国王的副指挥官杰弗里·哈考特还是要求后备军提供帮助,而"黑太子"应该把他的活命——或者至少是他的荣誉——归功于他们的介入。这场战役之后,爱德华被授予1348年设立的嘉德勋章。

1355年,爱德华的父亲任命他为阿基坦的代表。从那以后,王子的大部分时间都花在了战场上,以保卫他在大陆的利益,他的军事活动几乎等同于掠夺性的远征。这样做有双重目的:一方面巩固和确保加斯科涅领主的忠诚;另一方面剥夺法国国王宝贵的收入,从而削弱其在英法战争中的整体地位。

爱德华的第一次突袭持续了八个星期,远征至东南方向的里昂湾。6000多人组成的军队袭击了农场、村庄和城镇,给无法抵抗的人民带来了巨大的痛苦,并积累了大量的战利品。他们没有浪费时间去攻打防御严密的城堡,如卡尔卡松,也没有法国部队出来和他们对战。

在1356年7月的战役中,爱德华带着帮助其父亲的军队在布列塔尼作战的意图北上。和以前一样,他的军队只在容易下手的地方动手,在防守薄弱的城镇和村庄放火抢掠。然而,王子确实占领了维耶尔宗城堡。

此时,法国国王约翰二世已经被鼓动采取了行动。他集结了一支庞大的军队,封锁了卢瓦尔河的渡口。因此,爱德华为了保卫自己国家的安全而转向南方。他被法国人紧追不舍,最后被迫在普瓦捷附近准备战斗。虽然困难重重,但"黑

普瓦捷战役
与其说是胜利,不如说是失败

第二次提升了"黑太子"声誉的著名战役,是6000名英格兰士兵和11000名法国士兵之间的冲突(根据现代的估计)。这一结果更多地是由国王约翰二世的无能造成的,而非爱德华王子的英明策略。

然而,我们确实需要记住的是,中世纪的短兵相接是一件令人困惑的事情,在这种情况下,任何的误解和判断错误都可能带来灾难性的后果。爱德华不想与法国的优势兵力正面交战——在冲突前的谈判中,他提出了"慷慨的"甚或是屈辱的条件来收买敌人。

约翰知道自己的优势,所以拒绝了这些建议。然而,这次拖延使爱德华得以充分利用自己的防守优势。他把士兵们安置在林地两侧的树篱围成的果园里,等待敌人主动进攻。约翰让他的骑士们步行前进(也许是从克雷西的战役中吸取了教训),但他们却被自己沉重的盔甲和英军弓箭手的箭所阻滞。

当他们到达英军阵地时,爱德华的马上骑士团突然冲出树篱。法军的前锋部队赶紧撤退,却被下一波的攻击部队缠住了。此时,爱德华的骑兵们已经冲入混战中,一支分队在法军左翼展开攻势。约翰被俘,他的军队大部分逃走了,约2500人死在战场上。

▲ 爱德华生前是威尔士和阿基坦亲王

▲ 爱德华用他的一生证明自己是一个勇猛而忠诚的战士

官爱德华。

爱德华在正面交战中击败了彼得的对手，巩固了他的王位。但对爱德华来说，这次战役对他个人是场灾难。他和他的军队在巴利亚多利德炎热的夏日里等待着彼得答应给他的援助，他们缺乏食物，又饱受痢疾的折磨。"黑太子"的大部分人马再也无法回家，爱德华的身体也因疾病而严重衰弱。

而此时，法国新国王查理五世又重新挑起战争，爱德华无法在和平中享受自己的领土，几个城镇被查理占领，根据傅华萨的说法，"黑太子"对其中的一个城镇——利摩日进行了野蛮的报复。后来，爱德华身体虚弱，不能亲自出征，于1371年回到英格兰，五年后去世，享年46岁。

太子"不仅赢得了战役，还俘虏了约翰国王。

耻辱和失去数百名优秀军官使整个王国陷入内乱。尽管和平谈判漫长而艰难，1360年爱德华三世还是在布雷蒂尼迫使他的对手接受了苛刻的条件。阿基坦的领土得到了极大的扩张，并被彻底授予了爱德华王子，而无须效忠约翰国王。爱德华则宣布放弃法国王位。这标志着百年战争第一阶段的结束。

"黑太子"被授予了阿基坦和加斯科涅作为英格兰王权下的私人封地。但是在1367年，为了响应他父亲的盟友卡斯蒂尔的彼得的请求，他率军越过了比利牛斯山。彼得被同父异母的兄弟亨利废黜，转而求助于当时已是传奇人物的指挥

> 爱德华选择葬在坎特伯雷教堂而不是传统的威斯敏斯特教堂。虽然没有人知道为什么，但人们认为这是为了赎罪。

▲ 爱德华很显然是在克雷西战役后被称为"黑太子"的

关键人物

约翰二世

国王约翰二世未能稳定法国的局势，他经常冲动行事，并往往采取不明智的举措

在法国国王约翰二世近14年的统治期间，这个国家徘徊在混乱的边缘。他是国王腓力六世的儿子，于1350年8月22日登基，统治期间还不时缺席，1364年4月8日去世，享年44岁，客死英格兰。

1332年夏天，13岁的约翰结了婚，被封为诺曼底公爵。诺曼底是一个繁荣的省份，享有极大自治权，与英格兰保持着密切的经济联系。他代表父亲出席了教皇克雷芒六世在阿维尼翁举行的加冕典礼，并在百年战争的初期参与了与英格兰国王爱德华三世的谈判。他和王后——卢森堡的邦内，有几个孩子，邦内在1349年死于黑死病。五个月后，他娶了奥弗涅的女伯爵乔瓦娜一世。

加冕后不久，约翰就表现出不能有效执政的状态。他的身边充斥着腐败的谋臣，这些谋臣以国家的财政为代价中饱私囊，并在国王面前争宠，而国王通常只会优待其中的少数人。成群的强盗在法国乡间游荡，在民众中播下动乱的种子，而国王试图通过对中东地区发起十字军东征来平息犯罪浪潮的努力也付之东流。国王经常与他的堂兄和女婿——纳瓦拉的国王查理二世发生争执，并在1354年2月和1355年秋天与他的亲戚达成了两个令人不安的协议——《芒特条约》和《瓦洛涅条约》。这两个条约都没有维持长久。

> 尽管约翰二世付出了种种努力，但他只能向英格兰人支付大约40万克朗的赎金，也就是他赎金的13%多一点儿。

▲ 国王约翰二世为几位骑士授予爵位。他建立了星星勋章作为荣誉表彰

与此同时，战争又一次爆发了。1355年的夏天，爱德华三世或许察觉到了约翰二世的宫廷混乱给他带来的机会。他任命自己的儿子"黑太子"爱德华作为国王在加斯科涅的代表。有了这个新头衔和随之而来的声望，"黑太子"起航前往法国，并于10月开始了他在敌人土地上的"大突袭"。

1355年年底，"黑太子"解散了他的强大部队，但在1356年夏末，"黑太子"的军队又重新集结，发动了第二次袭击，肆无忌惮地烧杀抢掠。

然而，到1356年秋天，约翰已经建立了一支比他的敌人庞大得多的军队。三级会议——负责征税和为随后的远征拨款的立法机构——允许组建一支军队，但条件是禁止法国士兵在行军途中抢劫。这是对国王维持纪律和展现领导能力的一种质疑。

约翰国王身体虚弱，很少参加马上比武、狩猎或剧烈的体力活动。尽管如此，他依然相信他的大军一定能战胜英军。在此之前，也许是出于对敌人的忌妒，他设立了类似于英格兰嘉德勋章的星星勋章。他在法国中西部的普瓦捷集结了一支庞大的军队，准备攻打"黑太子"。而"黑太子"在经过了一场旷日持久的战役后，由于补给线拉长，战斗力受到削弱，处境岌岌可危。在冗长的谈判未能达成令人满意的协议后，双方都做好了战斗的准备。

约翰国王命令他的十几个私人卫队骑士穿得和他一模一样，然后率领他的第三师加入战斗，他挥舞着一把大战斧，勇气非凡。尽管人数众多，法国人还是在1356年9月19日的普瓦捷战役中被彻底击败。国王在战斗中丢失了头盔，很快被与英军并肩作战的流亡法国人丹尼斯·德·莫贝克认出来，他对国王说："陛下，我是阿图瓦的骑士。投降吧，我带你去见威尔士亲王。"

普瓦捷的惨败是约翰二世统治时期的一个转折点。他被带到英格兰，并被扣留以勒索赎金。然而，他却享受着这样被囚禁的生活，他可以自由地在英格兰国内旅行，还可以获得从法国进口的奢侈品。而他的儿子，未来的查理五世则在巴黎担任摄政王。他发现自己卷入了国内动乱和国外不稳定的局势中。1358年，查理设法平息了"扎克雷起义"，两年后双方签署了《布雷蒂尼条约》，这一条约规定要用数目惊人的300万克朗赎金和大批人质——包括他的次子安茹的路易——来换取约翰国王的自由。

约翰被允许返回法国筹集赎金，但这是一个痛苦而缓慢的过程。被囚禁的约翰的儿子路易厌倦了做人质，于1363年从英格兰控制的加来的监禁中逃脱。国王因这种不光彩的行为而受到公开的羞辱。又因他久久未能支付赎金，国王宣布他将回到英格兰继续接受"囚禁"，以"维护他儿子玷污的王室荣誉"。至少，这是约翰的说法。但一些人猜测，这是因为尽管他确立了法郎作为国家货币，并试图稳定波动的经济，但他

可疑的动机

约翰二世成为法国国王后的第一个行动，就给他的宫廷带来了动荡和不信任

国王约翰二世即位后不久，就下令处决了法国的统帅——厄镇伯爵，布里耶纳的拉乌尔二世。对布里耶纳的指控目前还不清楚，不过在他被英格兰人抓获之后，他可能已经承诺割让法国北部的领土吉讷郡以换取自由。

就其本身而言，对布里耶纳的处决可能没什么不同寻常，尤其是如果指控准确的话。然而，国王任命他的亲密朋友查理·德·拉·塞尔达担任该职，这使他的动机受到质疑。据推测约翰和查理可能有同性恋关系。他们的亲密关系是显而易见的，因为新上任的统帅陪同国王离开宫廷去公务旅行，并被授予昂古莱姆伯爵头衔。

据说，纳瓦拉的国王查理二世也曾觊觎这一头衔，他对德·拉·塞尔达深恶痛绝，并主导了1354年对他的谋杀。

▲ 人们认为，被称为"坏人"的纳瓦拉国王查理二世错误地判处了查理·德·拉·塞尔达死刑

没有什么才能，更没有意愿在动荡的时期统治法国。

1364年1月，约翰国王第二次到达英格兰，受到热烈的欢迎。他经常去拜访爱德华三世，并在伦敦的萨伏伊宫过着奢华的生活。不过，这种欢乐很短暂。约翰国王突然生病，并于三个月后死去，死因不明。他的遗体被运回法国，安葬在圣丹尼大教堂的法国君主长眠之处。

约翰二世并没有给这个处于社会和经济动荡的国家带来秩序，反而留下了混乱和困惑。然而，他却由于支持艺术和主张发展法国第一支常备军而被人铭记。他的儿子查理五世的情况要好得多，他由于恢复了瓦卢瓦王朝失去的大部分荣誉和威望而受到尊敬。

▲国王去世，享年44岁。送葬队伍抵达圣丹尼教堂

传说,为了纪念被杀害的失明的波希米亚国王约翰,他将国王的三根羽毛徽章作为自己的徽章,这枚徽章至今仍是威尔士亲王的象征。

战斗中的王子

历史上,爱德华三世的长子被称为"黑太子",
他是一位著名的军事指挥官,
以骑士精神和嗜好大规模杀伤以及蓄意的暴力活动而闻名

1356年9月19日晚,英格兰王位继承人在法国西部的城镇普瓦捷附近的帐篷里款待法国国王。然而,这不是一次普通的王室会面。法国国王在战场上被俘,任由中世纪历史上最具有传奇色彩的人物之一"黑太子"的摆布。虽然威尔士亲王爱德华只有25岁,但他的军事生涯却达到了顶峰。他的一生象征着百年战争的前半部分,当时英格兰为争取戴上法国国王的王冠而战。

爱德华和他的父亲同名的爱德华三世,是英格兰最初胜利的军事荣耀的缩影,他们因勇敢和骑士精神而赢得声望。然而,爱德华在历史上却被称为"黑太子",在很多方面,他对那些拒绝效忠他的法国人是冷酷残忍的。他的一生是理想的英雄主义和野蛮的恐怖主义的矛盾混合体。

爱德华出生于1330年,是作为一名战士被培养成人的。在中世纪,理想的国王必须是一名战士,爱德华三世希望他的儿子从小就接受军事训练。七岁时,爱德华已经装备了一套完整的盔甲。同年,一场被称为百年战争的冲突爆发了。爱德华王子终其一生都在为他父亲颇有争议的事业而战斗,他的军事生涯从16岁就真正开始了。

赢得声誉

1346年7月,爱德华三世的军队在法国的拉霍格顺利登陆。第二天,国王授予爱德华王子爵位,这标志着他军事生涯的开始。王子立即行使他的权利,组建骑士团。在随后的跨越诺曼底的进军中,先锋部队名义上由他指挥。法国人在索姆河北岸赶上了英格兰人,而爱德华三世则选择

▲ 国王约翰二世（中间偏左，穿白色衣服）在普瓦捷英勇作战，但最终被俘并被献给了爱德华王子。国王将在英格兰的囚禁中死去，他的巨额赎金并未支付

了克雷西村附近的一个阵地，以便让双方开战。

英军人数在9000~12000人，他们要与国王腓力六世领导的大约30000人的法军作战。爱德华三世以防御的方式在一座小山上部署了他的士兵，两个师和弓箭手在前面，国王的军队组成了后备部队。

爱德华王子在他的士兵中间，周围是他的王室骑士和两位伯爵。虽然法国和热那亚士兵不断受到英格兰长弓的骚扰，但肉搏战的主力落在了爱德华王子的士兵们身上。

年轻的爱德华从一开始就参与了激烈的战斗，现在许多故事都与他的行动有关。据报道，率领法军第一次冲锋的阿朗松公爵，在被杀之前打倒了王子的旗帜。

法军的第二次冲锋攻进了爱德华的部队，王子的个人处境十分危险，有人说他被迫跪下，被埃诺伯爵抓住，然后被自己的旗手理查德·菲茨-西蒙爵士救了出来。菲茨-西蒙为了保护王子，不得不放下旗帜，这在通常情况下是严重违反纪律的行为。

关于爱德华的最著名的是在危机时刻派信使前往爱德华三世处请求帮助的故事。据说国王回答："让这孩子去赢得他的声誉吧。"当爱德华三世最终派出20名骑士去营救他的儿子时，王子

当爱德华三世最终派出 20 名骑士去营救他的儿子时，王子和他的随从们已经成功地击退了法军的进攻，正在倚着剑休息。

和他的随从们已经成功地击退了法军的进攻，正在倚着剑休息。

爱德华王子在克雷西战役中的第一次重大交战中表现出的勇气给他的同代人留下了深刻的印象。据说，他为了纪念被杀害的失明的波希米亚国王约翰，将国王的三根羽毛徽章作为自己的徽章，这枚徽章至今仍是威尔士亲王的象征。

然而，对于这种骑士式的勇敢行为，人们也有截然不同的反应。据埃诺的一位年代史编者说，当爱德华三世问他的儿子对参战有什么想法时，王子"什么都没说，而且很羞愧"。如果这种说法属实的话，那就与爱德华后来的行为不一致了。

海上冲突

克雷西战役之后，法国人与英格兰人签订了停战协定。但由于暴发了致命的黑死病，停战协定延长。1350年夏天，战争又重新开始。

当爱德华的妹妹让娜死于瘟疫时，英格兰人想要建立的盎格鲁-卡斯蒂尔婚姻联盟的计划失败了。法国人抓住了这个机会，鼓励卡斯蒂尔人派遣一支庞大的舰队去骚扰英吉利海峡的航运。

1350年7月，英格兰人在桑威奇集结了一支舰队，8月中旬，一支卡斯蒂尔军队离开了温奇尔西。爱德华王子和他的父亲于8月28日登船，第二天晚上两支舰队开始交战。船员们在甲板上发生冲突之前，英格兰人猛攻并登上了卡斯蒂尔

嘉德勋章

威尔士亲王积极参与了设立了英格兰最负盛名的荣誉之一

爱德华王子积极参与了1348年（大家普遍接受的年份）嘉德勋章的设立。如今，这是英格兰政府授予的第三大最具声望的荣誉，仅次于维多利亚十字勋章和乔治十字勋章。同时获得这一勋章的人数一般不超过24人。它以代表骑士理想而闻名，但它的基础更多的是建立在当时的权力政治上。该勋章的目的是把爱德华三世在法国的军事指挥官的核心圈子聚集在一起，他们碰巧也是他在竞技场上的同伴。有关嘉德勋章的最早记录来自爱德华王子的衣橱①账目。1348年12月，爱德华的衣橱管理员买了24枚嘉德勋章，在未指定的日期送给了第一批骑士。在温莎的圣乔治礼拜堂的圣殿里，面对正厅的前排席位中有一个被指定给爱德华三世，另一个给爱德华王子。

该勋章设立的原因通常被认为是政治性的，这反映在纹章和座右铭的选择上。在该勋章上，印有蓝底黄字的法治"心怀邪念者蒙羞"，这句话暗指反对英格兰夺取法国王位者蒙羞。众多关于该勋章浪漫起源的说法在之后的几年里出现，但它们都没有现实依据。的确，该勋章实际上是官方为庆祝英格兰在克雷西取得的胜利而设立的，它巩固了参战的国王、王子和贵族们之间的友谊。选择嘉德勋章本身可能源于一个比赛的徽章，因为它有实际的优势，可以穿在盔甲外面。

▲ 爱德华王子是嘉德勋章的创始成员之一

---

① 国王的衣橱最初是存放国王的衣服、盔甲和财宝的房间，后来该术语的使用范围扩展到描述其内容和管理人员的部门。在亨利三世统治时期，衣橱从皇家委员会中脱颖而出，成为英格兰的主要行政和会计部门。

▲ 据说，爱德华三世在克雷西战役中拒绝派遣救援部队去援助"黑太子"

的船只。在这场混战中，国王的船被击沉，爱德华三世不得不爬上一艘卡斯蒂尔船。同样，爱德华王子的船也在下沉，他的兄弟约翰救下了他。这是一场激烈的战斗，最终以卡斯蒂尔人在黄昏时撤退而告终，其余的人被英格兰人俘虏。

随后国王和他的儿子们的船队停泊在温奇尔西和拉伊，并将消息传达给菲利帕王后。据记录，王室成员彻夜狂欢，讲述着当天的战斗故事。这与几个小时前发生的海上屠杀相比似乎形成了一种冷漠而颓废的对比。爱德华三世大肆渲染他的海战胜利，1351年新造的货币上，这位军事国王站在一艘船上，反映了他自称"海洋之王"的称誉。至于爱德华王子，在温切尔斯的战斗提升了他的战斗声誉，这种声誉在未来几年还会继续提升。他的职业生涯也开始被他在对法战争中日益严厉的行为所影响。

可怕的"黑太子"

与法国的最后休战在14世纪50年代中期结束，爱德华王子获准在当时英格兰的领地加斯科涅拥有自己的战区。王子很激动地写道：他"请求国王允许他成为第一个越过大海的人"。随后，他正式出航到法国西南部，全权管理那里的英格兰领土。他还接受了一份军事服役合同，这为后来发生的一些事件做了准备，比如，抓获"战争首领"（即法国的主要指挥官）和"黑太子"自己可能被俘等。

1355年9月20日，爱德华在波尔多登陆，10月5日，由6000—8000人组成的盎格鲁-加斯科涅联军出发了，目的是发起一场"骑兵远

▲ 爱德华远赴西班牙帮助"残忍的彼得"从他同父异母的兄弟特拉斯塔马拉的亨利手中夺回了卡斯蒂尔的王位

▲ 1355年的骑行远征蓄意破坏了法国南部的大部分地区，"黑太子"洗劫了包括卡尔卡松在内的许多城镇

这实际上是一种得到授权的恐怖主义，在百年战争期间一直被使用，在爱德华的帮助下，这种肆意破坏行为被合法化。

征"——通过蓄意烧毁和掠夺城镇及村庄，削弱敌人的补给和威望。这实际上是一种得到授权的恐怖主义形式，在百年战争期间一直被使用，在爱德华的帮助下，这种肆意破坏行为被合法化。

王子在1355年的目标是让·德·阿马尼亚克的土地，让·德·阿马尼亚克受法国国王约翰二世指派对英格兰领土施压。10月10日，王子的军队一到达敌人的领土，便以三个纵队分头展开行动，用两周时间洗劫了德·阿马尼亚克的土地。军队甚至备有便携的桥梁用来扩大掠夺的范围。爱德华随后移到了朗格多克，并对包括卡尔卡松镇在内的当地城镇造成了相当大的破坏。

11月8日，他到达了其行程的最远处——地中海沿岸的纳博讷。尽管遭到了激烈的抵抗，他还是占领了这座城镇——除了它的城堡之外。爱德华于11月27日回到了友军的领地，在此之前，他从未与法国人进行过正面交锋。法国人故意避开他以显得犹豫不决，从而给了王子一个宣传上的胜利。

骑兵远征对法国南部的人民来说是一场噩

对爱德华来说这是一次以最少的代价获得巨大利益的胜利。2000名法国士兵被杀，另外2000名士兵被俘，其中最大的战利品是约翰国王。

梦。据记录，在蒙蒂斯加德，男人、妇女和儿童被不加区别地屠杀。19世纪，在蒙布兰-洛拉盖的废墟中仍能找到烧焦谷物的碳化遗迹，据说甚至连教皇都担心自己在阿维尼翁的安全。爱德华那个著名的绰号很可能源于这次袭击——在他经过的地方，人们都称他为"可怕的黑太子"。这种破坏是如此之大，以至到了20世纪，他的故事还在当地农民中流传：一个"穿黑衣的"人在中世纪带着军队横扫城镇。

骑兵远征还破坏了该地区的经济生产力，因此削弱了法国抵御英格兰攻击的能力。爱德华的管家解释道："在这次袭击中，被摧毁的乡村和城镇之前为法国国王带来的战争援助超过了半个王国的收入。"1355年12月，爱德华在一封给温彻斯特主教的信中为这次袭击辩护说："后来我们骑马穿过阿马尼亚克的土地，到处掠夺破坏，使伯爵曾经压迫过的最尊贵的阁下的臣民得到了极大的安慰。"爱德华是在暗示当地贵族对他的干涉心存感激，但显然他们对他的军队所犯下的罪行漠不关心。这种冷淡意味着爱德华只把他的骑士风度留给了贵族成员。

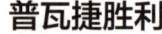

▲ 1350年，爱德华王子参加了温奇尔西海战。英格兰的胜利促使爱德华三世在1351年发行了新货币，将自己描绘成"海洋之王"。

普瓦捷胜利

1356年8月，爱德华从阿基坦向法国发动了另一次骑兵远征。当他向北推进时，采取了焦土政策，以缓解英格兰驻军在法国北部和中部的压力，但在图尔被阻止，未能夺取城堡。与此同时，他听说约翰二世正从诺曼底向南进军，意图摧毁他在图尔的军队，于是他开始向波尔多撤退，但法国国王在普瓦捷附近赶上了他。此时，爱德华提出放弃他们的战利品以换取一条安全通道，但遭到了拒绝。在别无选择的情况下，爱德华于9月19日带领6000人的盎格鲁-加斯科涅军团迎战至少20000人的法军。他将军队分为三部分，弓箭手在两翼，他的师和精锐骑兵部队在后方。然后，爱德华把他的军队安排在一道低矮的树篱后面，左边是沼泽地，右边是马车。

约翰国王把他自己的士兵分成四部分，分别由他自己、太子、克莱蒙男爵和奥尔良公爵率领。太子和克莱蒙都向英军发起了进攻，却被英军的弓箭和披甲武士的反攻击退。随后，太子的部队与约翰的部队战作一团。如果当时法国人没有惊慌失措，本可以击溃爱德华的士兵——他们已经精疲力竭，开始清点伤员了。相反，爱德华命令他的士兵从树篱的隐藏处跳出来，向法国人发起冲锋，同时派出他的骑兵从侧翼包抄敌人。经过一场艰苦的战斗，英军坚守了阵地，而法军的防线崩溃了。

对爱德华来说这是一次以最少的代价获得巨大利益的胜利。2000名法国人被杀，另有2000人被俘，其中最大的战利品是约翰国王。约翰国王被带到爱德华的帐篷里，王子招待了他。据一位编年史作家说，约翰的勇敢"超过了他最伟大的骑士们"。这对约翰来说并不是什么安慰，他被带回了英格兰，并身穿暗淡的黑袍参加了一个盛大的游行。他的被俘在法国产生了巨大的影响，赎金超过了这个国家的年收入，有人说这个数字是法国年收入的两倍。约翰最终在英格兰的囚禁中死去，而他的国家却陷入混乱的无政府状态中。

陷入黑暗

普瓦捷战役是爱德华的军旅生涯的顶峰，他似乎准备接替他的父亲成为强大的国王爱德华四世。在1360—1367年，他统治着半独立公国阿基坦，并于1367年在西班牙的纳赫拉取得了引人注目的胜利，但在西班牙战役之后，他的病情却越来越严重。

1370年的利摩日围攻期间发生了一件极具争议的事，躺在担架上的王子下令洗劫这座被占领的城镇。根据编年史家让·傅华萨的记载，"这是一件非常令人悲伤的事情，因为所有人都跪在王子面前乞求怜悯，但是他复仇的冲动被点燃了，所以他什么也不听，下令屠杀了能找到的所有人"。这在历史学家中引起了很大的争议，但不管真相如何，利摩日事件极大地玷污了爱德华的声誉。

▲ 爱德华于1376年去世，葬于坎特伯雷大教堂，他是第一位未继承英格兰王位的威尔士亲王

《布雷蒂尼条约》

《布雷蒂尼条约》在百年战争期间给法国带来了相对短暂的和平，同时也是法国的耻辱

百年战争这个名字有点用词不当。从1337年持续到1453年的大冲突实际上是一系列的战争，每一场战争都有明确的结局。

《布雷蒂尼条约》是结束百年战争第一阶段的协议，带来了仅仅九年的不稳定的和平。该条约对于法国这个欧洲大陆的军事强国来说，是一个巨大的耻辱。该条约于1360年5月8日起草，经过一个多月的艰苦谈判后，在沙特尔市附近的布雷蒂

◀ 导致《布雷蒂尼条约》谈判的主要原因是法国在普瓦捷战役中惨败

▲ 国王爱德华三世统治了英格兰50年，但当他于1377年去世时，他在欧洲大陆的权威已经大大减弱

▲ 安茹公爵路易一世未能与英格兰人达成释放协议，从而逃往法国

尼村签订，其条款在六个月后的10月24日批准的《加来条约》中得到确认。

该条约本身就是法国在1356年9月19日普瓦捷战役中惨败的直接且持久的结果。英格兰国王爱德华三世的儿子"黑太子"爱德华战胜了约翰二世率领的法国大军。法国国王被俘后被带到英格兰，以索取赎金，留下他的儿子——后来的查理五世，在巴黎担当摄政王。

"太子"的压力不仅来自英格兰军事行动的持续威胁，还来自法国首都街头的动乱。这是由经济和社会因素引起的，并导致了短暂却影响政权稳定的农民起义——扎克雷起义。查理认为，同英格兰人和解对稳定局势至关重要，但内战削弱了他同对手讨价还价的筹码，以至最终签订了一项令人遗憾的条约，至少从法国的角度来看是这样。

在这笔交易中，双方确定了国王约翰二世应支付300万克朗的巨额赎金，以换取自由。国王约翰二世将在第一笔100万克朗支付成功后被释放。此外，付款担保是给英格兰交付额外的人质，包括约翰国王的两个儿子贝里

对于英格兰人来说，《布雷蒂尼条约》标志着他们在欧洲大陆的扩张和影响力达到了顶峰。

公爵约翰和安茹公爵路易一世，还有来自法国19个主要城镇和巴黎的各两名公民以及其他一些贵族。

英格兰人还获得了法国不少于15个省、地区或城镇的大量的领土特许权，其中包括：吉耶讷和加斯科涅、加来、利穆赞、蒙特勒伊和庞蒂厄。爱德华三世将拥有这些领土，并获得法国海岸附近的几个岛屿，这些岛屿和其他岛屿都不需要像以前那样向法国王室缴纳贡品。吉讷伯爵的贵族头衔随哈姆城一起被割让，高雷的伯爵爵位也被剥夺。

作为回报，爱德华三世宣布放弃他对法国王位的要求，这曾是双方开战的主要原因。他还放弃了对图赖讷公国、布列塔尼公国和佛兰德公国的控制，并放弃了安茹和曼恩两个伯爵爵位。海峡岛奥尔德尼被英格兰统治了130多年后，重新回到了库坦塞斯罗马天主教主教的管理之下。英格兰保留了对阿基坦的控制，并将《布雷蒂尼条约》的条款视为对其西南各省要塞的加强。

约翰二世在英格兰的囚禁生活几乎没有受到什么压迫，因为他获准自由旅行，并从法国进口奢侈品，而且住在豪华住宅萨伏伊宫里。四年之后，这位君主又回到了法国，筹集自己的赎金。最终证明这个任务是太艰巨了，法国最后只支付了全部款项的一小部分。与此同时，安茹公爵原以为自己只会被关押六个月，他在英格兰人手中变得焦躁不安，想方设法逃跑了。

约翰二世认为他的次子的这一行为很不光彩，于是决定回到英格兰，继续被监禁，以维护瓦卢瓦家族的信誉。1364年1月，约翰大张旗鼓地抵达伦敦，人们用盛宴和狂欢迎接他。然而，几个月后，这位人质国王病倒并死去。他的遗体被运回法国，安葬在圣丹尼大教堂。

太子继承了王位，成为查理五世国王，《布雷蒂尼条约》的尴尬局面显然促使他再次发动战争，借口是英格兰未能履行其批准条约时所做的承诺。具体来说，他们认为加斯科涅的"黑太子"的统治变得越来越残酷，要召"黑太子"到巴黎来作出解释。"黑太子"拒绝出席，查理于1369年5月宣战。

在查理的一个中尉的得力领导下，法国陆军和海军重新取得了对英格兰人的战斗优势。爱德华三世死于1377年，那时英格兰人已经被迫从他们之前在欧洲大陆拥有的大部分领地撤出了。

加来会晤

英法两国国王庄严会晤,在《布雷蒂尼条约》的条款订立后确认该条约

经过几个月的初步讨论,英格兰国王爱德华三世和法国国王约翰二世在加来会晤,举行了庄严的仪式,宣誓遵守《布雷蒂尼条约》。两位君主在圣·尼古拉教堂会面,一起走上台阶,跪在圣坛前。克吕尼修道院院长、教皇特使奥多安主持了弥撒,然后在布洛涅主教和温彻斯特主教的陪同下诵读了条约的原则。

片刻的间歇之后,爱德华直接对约翰说:"亲爱的兄弟,我警告你,除非你完全遵守条约的所有条款,否则我不打算受这个誓言的约束。"约翰点头发誓会遵守条约;爱德华随后发誓。然后,24名法国贵族和27名英格兰贵族和王子也做出了类似的承诺。理论上说,这一时刻意义重大。但实际上,它的影响迅速消退。在不到十年的时间里,两国再次陷入战争。

▲ 用于保存《布雷蒂尼条约》的华丽箱子,上面装饰着皇家盾牌,它是在加来确认《布雷蒂尼条约》后制作的

卡罗琳战争

1369年,当"黑太子"拒绝查理五世的召见时,法国国王宣战,再次引发了长达20年的冲突

- 71 查理五世
- 74 贝特朗·迪盖克兰
- 78 布列塔尼王位继承战争
- 84 卡斯蒂尔的救世主
- 92 拉·罗谢尔战役
- 96 "黑太子"之死
- 104 理查二世
- 108 冈特的约翰
- 112 长期的和平

查理在罗浮宫创建了一个巨大的图书馆,藏书超过1200册。

▲ 查理身边围绕着一群才华横溢的顾问,这些顾问被称为"小人物"(the Marmousets)

关键人物

查理五世

一个温和而谦逊的人是如何带领法国从毁灭奇迹般走向复苏的

查理五世不太可能是法国的救世主：他既不英勇，也不自信，更不引人注目；他看起来一点儿也不像他的父亲——高大强壮、满头浅棕色头发的约翰二世。查理身体虚弱，面色苍白，瘦骨嶙峋，身材不成比例。然而，他自诩才智过人，在经历了百年战争第一阶段的破坏之后，他多年的经验会给他的同胞带来希望。

查理五世的人生开端并不容易。他生于1338年1月，父亲是约翰二世，母亲是卢森堡的邦内。当时百年战争刚刚爆发，黑死病仍然在这个国家肆虐。那是一段充满争斗、死亡和绝望的时期，即使身为王位继承人的查理也无法长久地置身事外。在成为第一个被称为太子的继承人后，他的母亲和祖母都死于瘟疫。1349年，查理也身患重病。当他康复后，12岁的他娶了他的表妹——波旁的乔安娜。

没等多久，查理就被迫投身于军事和政治生活中。17岁时，他卷入了一场反对他父亲的叛乱，领导这场叛乱的是后来成为他主要敌人的纳瓦拉国王，也就是众所周知的"坏查理"。他成功地履行了自己的职责，设法使纳瓦拉国王暂时和解，避免了叛乱分子与英格兰结盟。查理成功地制止了两个家族之间的战争，因此他的臣民们都很尊敬他。

然而，当他的父亲和弟弟在普瓦捷战役中被俘时，查理经受了考验。他迅速宣誓成为摄政王，而他的父亲则被带到了英格兰。

查理领导的国家已经四分五裂。由于约翰国王的被俘，人们认为法国的贵族们已经抛弃了王室，公众舆论转而反对他们。英格兰人要求法国人为他们的国王支付300万克朗的巨额赎金，并放弃法国西部的大部分地区。查理试图通过货币贬值和增税来筹集这笔钱，但事实证明这是不可能的。

▲ 查理为人所知的不是他的强壮，而是他的才智和敏捷的头脑

法国的防御在迫近的英格兰军事威胁面前不堪一击，为了巩固防御，查理召集了三级会议。会议上许多人认为国家管理不善，并为此感到愤怒，于是他们成立了一个由教士长艾蒂安·马塞尔领导的机构。他们要求国王在政治上做出让步，并释放被监禁的纳瓦拉国王。查理立即拒绝了这些要求，但当马塞尔下令以罢工作为回应时，他别无选择，只能接受。当这个消息传到仍被囚禁在英格兰的父亲那里时，对方也拒绝同意。

查理决定用老办法，慢慢地在法国各省争取支持，最后他把目光投向首都。马塞尔企图恐吓查理，在他面前暗杀了国王的两名顾问。然而，这反而成为了对马塞尔的致命一击，令他失去了支持，并导致他在1358年被一群暴徒杀害。没有了马塞尔的阻碍，查理重新控制了巴黎。

摄政王已经受够了来自内部的威胁，但英格兰人也在紧追不舍。他的父亲签署了《伦敦条约》，割让了法国西部的大部分土地，但这遭到了查理的拒绝，导致英王爱德华三世入侵法国。爱德华于12月抵达兰斯，次年3月抵达巴黎。然而，查理避免与敌人的直接对抗，依靠城市防御工事成功地保卫了他的国土。这种不对抗的策略非常成功，即便爱德华蹂躏了法国的乡村，也没有赢得决定性的战役。这为新的谈判创造了条件，新条约只把法国西部三分之一的土地割让给英格兰，并降低了国王的赎金。约翰终于被释放了。

对查理来说，这是一段艰难的时期。他的两个年幼的女儿在几个月内相继去世，他为失去女儿而深感悲痛。他自己也可能因砷中毒而病得很重，头发和指甲都开始脱落。他的父亲是一个无能的统治者，被迫返回英格兰继续被囚禁，不久便客死他乡。

查理终于在1364年正式宣布成为国王。他不是一个能给他的臣民带来希望的领袖；他性情温和，举止严肃，患有痛风病，左臂有脓肿，如果不及时治疗，可能会丧命。然而，就个人而言，人们认为他是相当感性的人。他与波旁的让娜的婚姻是幸福的。他与孩子们的关系，包括在他还活着时就死去的那五个孩子，都被很好地记载下来了。

> 人们认为查理是一个建筑之王，他建造或重建了许多著名的建筑，如巴士底狱和万塞讷城堡。

查理主要关心的是夺回他割让的领土。为了达到这一目的,他得到了盖克兰的贝特朗的效忠,贝特朗是一位非常老练的贵族,是个游击战专家。通过沿用避免直接对抗而采取围攻和谈判的策略,查理的军队一点一点成功地从英格兰人手中夺回了原来法国的领土。也许最值得一提的是蓬瓦兰战役,在这场战役中,英军溃不成军,他们30年来在正面交战中不可战胜的声誉被打破。在短短几个月的时间里,多名重要的英军指挥官被杀,而"黑太子"本人也被迫逃离法国。

截至1375年,查理几乎收复了他在前一个条约中割让的所有领土,只给英格兰留下了法国西部的一条海岸线。查理还没收了纳瓦拉国王几乎所有的法国土地,消除了他对巴黎的威胁。

1380年,国王知道最终会夺走他生命的脓肿萎缩了,他准备离开这个世界了。他于9月16日去世,享年42岁,留下11岁的儿子查理六世继承他的王位。在查理统治期间,他设法补充了枯竭的皇家财政,建立了第一支有薪酬的常驻军队,收回了割让给英格兰的领土。今天,由于他的这些举措,他被人们称为"智者"查理,他死时的法国比他出生时的那个法国更加稳定和充满希望。

法国第一位太子

查理是如何成为第一位拥有这一头衔的法国王子的

直到1349年,维也纳人的太子的头衔一直是由阿尔本伯爵吉格四世家族传下来的。现任维也纳的太子——亨伯特二世,在巴勒斯坦的十字军东征中死去,他唯一的儿子死后也没有留下子女。为了筹集资金,他决定卖掉多菲内,当时多菲内是神圣罗马帝国的封地。然而,很难寻找买家,因为教皇和皇帝都没有兴趣购买它。最终,约翰二世的父亲腓力六世买下了它,并在《罗马条约》中约定,多菲内将由未来国王约翰的儿子继承。

查理作为长子,在12岁时成为第一任太子。多菲内是法国非常宝贵的财产,因为它位于一条主要的贸易路线上。按照传统,这一头衔要传给王位继承人,类似于英格兰威尔士亲王的头衔。它被保留下来,代代相传,直到1791年的宪法废除了它(除了1824—1830年波旁王朝复辟时期)。

▲ "太子"(Dauphin,意为"海豚")这个头衔来自他们盾形纹章的海豚图案

关键人物

贝特朗·迪盖克兰

一个出身卑微的法国指挥官的崛起

1320年贝特朗·迪盖克兰出生于法国布列塔尼的一个小镇莫特-布罗翁，他的人生并不注定是伟大的。他是桑斯的罗伯特·迪盖克兰和让娜·迪玛尔迈内斯的长子，因长相不佳，母亲不喜欢他。他又矮又丑，但他知道怎么打架。九岁时，迪盖克兰就把镇上其他孩子召集在一起，玩起了虚拟的战斗和比赛游戏，并且总是扮演主角。改变他人生的事件是在他17岁那年发生的。

附近的雷恩举办了一场武士骑马比武，虽然他不是贵族，但在报名参加比赛之前，他找到了一匹马和一顶头盔遮住了自己的脸。据说那天他打败了所有对手。这不仅是一个预兆，而且恰逢百年战争的开始，而迪盖克兰已经做好了战斗的准备。

1341年，他的第一个职位是在布列塔尼王位继承战争中在查理·德布卢瓦的手下服役，布列塔尼家族是根据地理位置选择支持哪一方的。在接下来十年左右的时间里，迪盖克兰带领一群冒险家，在法国北部四处游荡，参与围攻和袭击试图向南挺进的英军。

他在布列塔尼一举成名，并引起了法国元帅阿努尔·德奥德莱姆的注意。1354年，由于他俘获了英格兰骑士休·卡维利爵士，德奥德莱姆封他为骑士。正是在这一胜利之后不久，迪盖克兰就引起了太子查理的注意。1356年，当英军围攻雷恩市时，迪盖克兰带领一支小分队挽回了局面，作为奖赏，摄政王查理给了他每年200里弗[①]的薪酬。

王室的恩惠并没有就此停止。迪盖克兰被任命为驻扎在蓬托尔松的法国-布列塔尼部队的

---

① 里弗：法国古货币单位，相当于一磅银的价值。

准备，就位，决斗

为了保卫自己的家园，迪盖克兰不惜一切代价

1357年，当兰开斯特的亨利攻击迪南时，迪盖克兰不高兴了。他的家园受到威胁。当坎特伯雷的托马斯俘虏了他的弟弟奥利弗时，他勃然大怒。

迪盖克兰满腔怒火，向托马斯提出决斗。他俩骑上马，手持长矛互相攻击。在难分胜负的情况下，他们改在马背上用剑比试。经过长时间的搏斗，双方都没有取胜的迹象。这时，托马斯的剑掉了。由于担心有人把它捡起来交还给托马斯，迪盖克兰下了马，想要把剑踢开，而托马斯趁机开始进攻，想用马碾死这个法国人。

出于自卫，迪盖克兰本能地用剑刺穿了敌人的马，杀死了它，而托马斯随即坠马落地。迪盖克兰用戴着金属护手的手一拳干掉了他的敌人。这名优秀的战士，充满激情的法国人，什么都不能把他和他所热爱的土地分开。

▶ 今天的迪南镇

上尉，负责反击英军的进攻。他在这方面做得很出色，因为他和他的英格兰对手一样有才干。然而，他身体虚弱，被俘的可能性很高。事实上，他在两年内曾两次被英军俘获，但两次都通过谈判获得了自由。

1364年，迪盖克兰花了大部分的时间在诺曼底和布列塔尼赢得了一场接一场的胜利，而太子登上了法国王位，成为查理五世。此时的国王查理让这位忠诚的指挥官领导自由军团并派他去西班牙帮助特拉斯塔马拉的亨利对抗寻求卡斯蒂尔王位的"残忍的彼得"。在1369年的蒙铁尔战役后，迪盖克兰用计策帮助亨利与彼得会面，当亨利认出对手时，挥刀刺中彼得的头部，从而一劳永逸地结束了这场争斗。

14世纪60年代后期，百年战争的冲突再次爆发，迪盖克兰开始了重新征服被英格兰人占领之地的任务。普瓦图和圣通日都回到了法国的统治之下，1370—1374年，他把英格兰人赶到了法国的最北端。1370年10月2日，迪盖克兰被查理五世授予了他有生以来最伟大的荣誉——法国统帅。这个职位是法国王室的五大官职之一，所以很受人觊觎，迪盖克兰不能掉以轻心。事实上，由于他出身低微，一开始他就拒绝了，但查理坚持要授予他这一职位。

作为统帅，他领导了法国的大部分军事行动，并于1372年重新占领了吉耶讷地区的几个城镇，它们是有争议的阿基坦公国的一部分。1373年，他从加来出发尾随兰开斯特公爵的英军。他的主要策略是让兰开斯特知道他在那里，但拒绝交战。这种方法事后被证明是非常成功

当迪盖克兰被英军俘虏时,他把自己的赎金定为100000里弗。英格兰人认为没人会付出这个价钱,但法国人却付了。

> 迪盖克兰战果丰硕，以至于有史诗赞美他，如《贝特朗·迪盖克兰之歌》和《勇敢的贝特朗·迪盖克兰的一生》。

◀ 1380年，朗格多克的兰登教皇城堡的钥匙被放在迪盖克兰的灵柩上

▶ 贝特朗·迪盖克兰，这个之前几乎一无所有的人在百年战争中领导了法国军队

的。他们一直跟踪英格兰士兵，直到他们中的6000人都处于饥饿和疾病缠身的状态——为了避免激怒迪盖克兰的军队，他们没有占领或掠夺沿途的任何城镇。英军最终于1374年4月返回家园。

14世纪70年代，迪盖克兰不断取得胜利。到1372年后期，被英格兰占领的普瓦图的城镇岌岌可危。最后一座堡垒于1375年2月落入法军之手。然而，1379年发生了一些麻烦。当迪盖克兰得知查理对他的忠诚有所怀疑时，他主动提出放弃统帅的职位，隐退到西班牙。查理很快明白过来，命令他去朗格多克战斗。

朗格多克是迪盖克兰的最后一次出征。毫无疑问，这位战士本想战死沙场，但遗憾的是，那并不是他的结局。1380年7月13日，当他的部下围攻英格兰人控制的要塞时，这位统帅因病去世。接管围城的指挥官最终取得了胜利，他把城堡的钥匙放在了迪盖克兰的灵柩上——如果不是因为他，他们不会取得胜利。

从默默无闻到法军最高统帅，这只"布罗赛利昂德的黑狗"被埋葬在圣丹尼法国国王的墓地里，心脏被送到了迪南的圣索沃尔大教堂，那里是他的传奇开始的地方。作为百年战争中一位关键的骑士，迪盖克兰被历史铭记，他无畏的战斗精神帮助法国在战争的前半部分取得了诸多胜利。

布列塔尼王位继承战争

英法两国为了争夺战略上重要的布列塔尼公国的控制权，资助了一场残酷的代理人战争，这场战争在布列塔尼地区肆虐多年

在百年战争的最初几年，英法两国卷入了一场代理人冲突，这场冲突将决定未来几年战争的结果。代理人冲突的战场是布列塔尼公国，这是一个沿海地区，处于控制英格兰和阿基坦之间航运的绝佳位置。

布列塔尼的统治者们还保有着英格兰的里士满伯爵爵位，英格兰人希望这能使布列塔尼人对他们在欧洲大陆的利益表现得更加友好。这种理想的策略和商业地位，加上头衔，意味着布列塔尼贵族既要对英格兰和法国王室讨好，又必须在两者之间保持微妙的平衡。

但是，1341年，老公爵约翰三世的去世打破了这种平衡，他留下了两位公爵席位的竞争者：他同父异母的兄弟蒙特福特的约翰和侄女彭蒂耶夫雷的让娜。约翰三世从未与父亲的另一段婚姻所生的孩子蒙特福特的约翰的想法总是相去甚远，他在位的大部分时间都在确保他那个同父异母的兄弟不会继承遗产。已故公爵甚至试图将整个公国出售给腓力六世而不让布列塔尼作为一个独立的国家存在。

布列塔尼贵族反对蒙特福特的约翰，约翰三世发现他的侄女是这一爵位的唯一竞争者。由于担心一个未婚女子会被人利用，他把她许配给了布卢瓦的查理，一个有权势的法国贵族，法国国王的侄子。随后，约翰三世在他的遗嘱中指定了蒙特福特的约翰为他的继承人，使继承权陷入混乱。临终前被问及他最后的决定时，他回答说："看在上帝的分上，不要打扰我，不要用这种事来烦扰我的灵魂。"

然而，继承权还远远不能确定。因为虽然蒙特福特的约翰已被指定为继承人，但贵族们大都支持让娜和她的丈夫。双方立即派出使者前往英法两国的军营寻求援助，要求获得双方对自己合法权力的认可。

布卢瓦的查理继承了妻子的权力。他是一个有趣的人物，极其虔诚而又严厉，但他仍然能够通过杰出的军事才能来赢得追随者的忠诚。这一点，再加上他的血统，使他成为得到法国国王支持和祝福的有力竞争者。蒙特福特的约翰利用公国与英格兰的紧密联系，向爱德华三世请求支持。国王不得不支持蒙特福特的约翰，因为他不希望法国获得一个控制着英格兰与欧洲大陆之间如此重要联系的盟友。

布列塔尼的许多贵族支持布卢瓦，因为他们有着共同的祖先和文化。虽然布列塔尼为自己的独立而感到自豪，但它也意识到自己是法国领土大框架的一部分，而贵族们不愿站在像蒙特福特伯爵这样的外人一边。由于蒙特福特伯爵一生中的大部分时间被剥夺了继承权，这让他在宫廷中失去了许多盟友和人脉。他是一个和蔼可亲的人，许多人注意到，他的妻子佛兰德的乔安娜在他的阵营中掌握着真正的权力，她被描述为具有"男人的精神和狮子的心"。

蒙特福特伯爵知道，缺乏支持从长远来看将阻碍他的发展，于是他迅速出击，夺取了许多物资，包括南特的资产和在利摩日的公园国库。他还占领了公国东部的许多城堡并派兵驻守。

由于他的军队遍布全国，蒙特福特伯爵无力对抗查理和他的7000名随从的进攻。蒙特福特伯爵召集了一支小部队，在尚托索附近的一个农场里，成功地将查理和他的主力部队分隔开。这两个对手进行了一场血腥的突袭战，战斗持续了

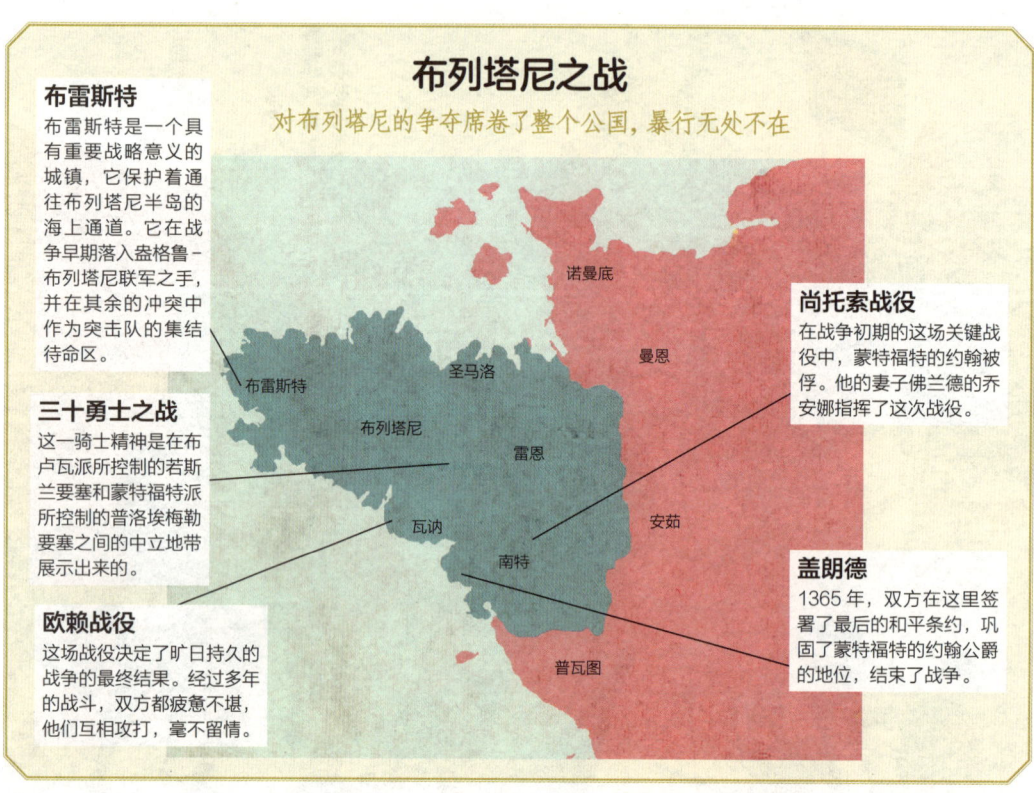

布列塔尼之战

对布列塔尼的争夺席卷了整个公国，暴行无处不在

布雷斯特
布雷斯特是一个具有重要战略意义的城镇，它保护着通往布列塔尼半岛的海上通道。它在战争早期落入盎格鲁－布列塔尼联军之手，并在其余的冲突中作为突击队的集结待命区。

三十勇士之战
这一骑士精神是在布卢瓦派所控制的若斯兰要塞和蒙特福特派所控制的普洛埃梅勒要塞之间的中立地带展示出来的。

欧赖战役
这场战役决定了旷日持久的战争的最终结果。经过多年的战斗，双方都疲意不堪，他们互相攻打，毫不留情。

尚托索战役
在战争初期的这场关键战役中，蒙特福特的约翰被俘。他的妻子佛兰德的乔安娜指挥了这次战役。

盖朗德
1365年，双方在这里签署了最后的和平条约，巩固了蒙特福特的约翰公爵的地位，结束了战争。

几天，直到蒙特福特伯爵在法军强大兵力的压力下被迫撤退。在南特被围困期间，敌对的市民命令他投降，并俘虏了他。

然而英格兰人并没有对布列塔尼失去兴趣，蒙特福特伯爵的事业由他的妻子接管了，她的坚韧和雄心勃勃的天性使她在军队中享有和她丈夫同样的忠诚。在巩固自己的阵地时，乔安娜在布雷斯特被查理和一队热那亚人的战舰包围了。

恰在此时，北安普敦伯爵率领1400名士兵和140艘船抵达，赢得了胜利。这一胜利为蒙特福特和控制布列塔尼半岛入口的英军保住了布雷斯特。这个地方对英格兰人来说至关重要，以至于蒙特福特伯爵在第二年把它租给了国王，直到1397年。

爱德华三世亲自率领一支来自布雷斯特的军队，但1343年年初，法国和英格兰按照计划签订了为期三年的《马莱特鲁瓦停战协议》。不

> 这场战争是盎格鲁－布列塔尼联军的军事胜利，但最终却变成了法国的战略和政治胜利。

过，两国之间敌对状态的停止对布列塔尼之战影响甚微。蒙特福特伯爵从监狱被释放出来，但不久就死了，他的军队再次归入"火焰"乔安娜的指挥之下。乔安娜前往英格兰争取支持，却被关押在蒂克希尔城堡里度过余生，大概这样就可以让爱德华三世在布列塔尼施展他的个人影响力了。

然而，这些挫折并不足以扭转战争的局面，使它向对布卢瓦查理有利的方向发展。为他提供了大部分军队和物资的法国盟友，正面临着来自英格兰的压力。爱德华三世在克雷西赢得胜利后，他的军队在那里击败了一支更大规模的法国军队，英格兰人在欧洲大陆占据了有利的地位，第二年，他们占领了加来。这给法国带来更多的麻烦，最终导致法国撤回对布卢瓦领土主权的支持。慢慢地，布卢瓦的军队开始不敌与英格兰结盟的布列塔尼人。

由于布列塔尼离法国王权的心脏地带还有相当远的距离，爱德华三世把布列塔尼战役的控制权交给他的部下，而不是亲自插手干预。他的军官们建立了个人控制权，并以统治者的身份坚定地把布卢瓦的支持者们赶了回去。

布卢瓦查理对布列塔尼人的讨好没有带来任何好处。几年前他占领坎佩尔镇时，下令屠杀当地居民。法国支持撤出后，人们对这场暴行仍记忆犹新，布卢瓦查理发现越来越难找到支持他的人。

布卢瓦查理在拉罗什代里安战役中被俘，这对他的事业是一个致命的打击。布卢瓦包围了这座城市，命令他的士兵们筑起路障，以保护他们免受城墙上可怕的长弓手的攻击。然而，在击败了一支对方的救援部队后，他过于膨胀，以致他的军队变得混乱不堪。

市民无疑还记得坎佩尔大屠杀，他们组织了一次突击行动，击溃了这位准公爵的军队。他

▲ 欧赖战役是整个战争中最残酷的一场冲突，但它决定性的胜利使蒙特福特最终胜出

被监禁在伦敦塔，这促使教皇伊诺桑六世要求休战——基督徒杀害基督徒从来不会让教会满意，这次冲突也不例外。

为了结束这场冲突，人们策划了一场战斗，这场战斗被认为是西欧中世纪骑士精神最好的例子之一——三十勇士之战。双方各自挑选了30名骑士参加战斗，胜者将决定整个战争的结局。随后发生的残酷而绝望的战斗导致6名法国-布列塔尼战士和9名盎格鲁-布列塔尼战士战死。虽然法军联盟在严格意义上说取得了胜利，但这场战斗对冲突的最终结果却没有影响。

在两年多的时间里，战争陷入僵局，双方都没有取得任何有意义的进展。爱德华三世看到了一个从代理人冲突中获利的机会，随即同意以300000英镑的天价承认布卢瓦为布列塔尼公爵，同时也同意了蒙特福特的约翰提出的与他的女儿玛丽联姻的请求。如果不是因为麻烦不断的纳瓦拉的查理二世的介入，这场休战将会结束敌对状态。

这位被称为"坏查理"的国王在他的同代人中以两面派和善变而闻名。他先杀死了主持签订条约的司仪，然后与法国-布列塔尼人结盟以换取土地，从而在条约开始之前就把它废除了。令英格兰人感到更加不安的是，布卢瓦已经被释放了，他回到了法国人的阵营继续他的进攻。

然而，即使他们的领袖回来也无法打破僵局，因为法国人又一次惨败给了英格兰人——在普瓦捷，法国国王被俘，并以极高的代价被赎

人们对这场暴行记忆犹新。

火焰乔安娜

领略中世纪真正女战士的风采

谈到百年战争中的女性领袖时，很多人都会想到圣女贞德——但她不是唯一的女性领袖。佛兰德的乔安娜——也被称为"火焰乔安娜"——被广泛认为是盎格鲁-布列塔尼早期军事行动背后的策划者。

1341年，乔安娜的丈夫蒙特福特的约翰被俘，乔安娜接管了其军队的直接控制权，成为了蒙特福特事业的领袖。她甚至到前线与她忠诚的军队共同作战，这为她赢得了不少同时代人的赞誉，她被称为"最非凡的女人"。

乔安娜对埃讷邦镇的防御成为传奇，因为她提倡当地妇女加入战斗，"剪下她们的裙子，将安全掌握在自己手中"。她还参加了一场激烈的海战，她的舰队击退了由法国-布列塔尼盟军领导的一支更大的军队。

▶ 佛兰德的乔安娜被认为是对圣女贞德颇具影响的人物之一

回。这使法国的经济陷入瘫痪，导致了比之前通过任何外交手段带来的都要持久的停火。

1362年，当已成年的蒙特福特的约翰回到布列塔尼，一心要收回他认为拥有合法继承权的公爵领地时，冲突重新开始。双方都对旷日持久的冲突感到厌倦，觉得战争即将结束，因此没有表现出丝毫的怜悯之心。法国-布列塔尼部队向敌人迎头扑去，直到布卢瓦在冲锋中被杀。

胜利使得蒙特福特的约翰成为了约翰四世公爵，但这场全面的胜利对英格兰人来说却是短暂的。蒙特福特家族仍然没有得到布列塔尼贵族的支持，而英格兰雇佣兵对该地区的长期占领对两国之间的友好关系也毫无帮助。约翰看到了巩固权力和摆脱爱德华三世影响的机会，毫无疑问，他想起了母亲在英格兰国王手中的待遇，于是宣誓效忠于法国。

▲ 三十勇士之战被认为是中世纪骑士精神的缩影

▲ 布列塔尼公爵约翰三世之死是继位危机和随后数年流血事件的起因

卡斯蒂尔的救世主

卡斯蒂尔内战中的事件是如何决定百年战争局势的

1350年，卡斯蒂尔国王彼得一世继位后，立即对他的大家族成员进行了清算。作为他的首要任务，他囚禁了父亲阿方索十一世的情妇利奥诺·德·古兹曼，她为阿方索生了十个孩子。在接下来的几年里，他还以叛国罪处决了不少同父异母的私生兄弟。

另一件龌龊的事与他年轻的新娘有关。彼得三心二意地想让自己的王国与法国结盟，答应和太子查理的妻妹布兰奇·德·波旁结婚。在1353年婚礼的两天后，他突然抛弃了她而选择了情妇。他还下令无限期监禁布兰奇，并极有可能造成了她的死亡。查理——未来的法国的查理五世——从未忘记这种无情的行为。因为这些和其他许多罪行，彼得得到了"残忍者"的绰号。彼得还推翻了他父亲建立的许多重要联盟，包括与法国的合作，转而与英格兰结盟。

特拉斯塔马拉的亨利伯爵是阿方索在世的私生子中最年长的一个，他最初向彼得表示效忠，但这只是出于权宜之计。阿方索对亨利的评价很高，并把特拉斯塔马拉的封地赐给了他。1356年，亨利试图用武力夺取卡斯蒂尔的王位，但没有成功，于是逃到阿拉贡的安全地带去休养。亨利企图篡夺卡斯蒂尔王权的决定性因素是，由于百年战争暂时平息，法国境内有大量的雇佣军。法国的摄政王瓦卢瓦的查理，在1364年登上法国王位成为查理五世后，迫切希望摆脱数以千计的无法控制的雇佣兵，这些雇佣兵被称为"鲁提埃"，他们在《布雷蒂尼条约》签署后一直困扰着法国。

查理和他的顾问们——其中一位是他的兄弟安茹公爵路易——设计了一个方案，通过这一方案，许多所谓的"鲁提埃"的自由军团将被分流到伊比利亚半岛继续他们的掠夺之路。1362年，亨利访问巴黎寻求军事援助时，法国国王向

▲ 1369年3月14日，因为没有英格兰人的帮助，彼得被亨利和迪盖克兰打败

待租的杀手

在百年战争的间歇期，一支由法国雇佣兵组成的军队帮助
特拉斯塔马拉的亨利废黜了"残忍的彼得"

1356年，"黑太子"在普瓦捷大获全胜，四年后签订的《布雷蒂尼条约》使得双方在百年战争中雇用的成千上万的雇佣兵失业，他们要么继续签约作战，要么靠掠夺和勒索为生。国土遭遇了20年的战争摧残，再加上被英格兰人击垮，法国王室无法像从前在强大的君主统治时期一样维持秩序。

这些被称为"鲁提埃"的雇佣兵是职业的披甲武士和弓箭手，他们在有凝聚力的首领的带领下组成自由军团。一个军团在临时据点行动，然后四处寻找新的机会。当一个大的机会出现时，他们会联合起来，组成一个成千上万人的大军团。

卡斯蒂尔内战是14世纪60年代雇佣英格兰和法国军团的几次小规模冲突之一。法国国王查理五世派布列塔尼的首领贝特朗·迪盖克兰，把罗讷河谷行动的军团组成一个大军团，并带领它穿越比利牛斯山脉，以帮助他的盟友特拉斯塔马拉的亨利——一个觊觎卡斯蒂尔王位的人——获得他梦寐以求的王冠。这次作战，得到了阿拉贡国王和法国国王及教皇的资助。

1366年3月，迪盖克兰和亨利入侵卡斯蒂尔。这支大军团有10000人，由25个首领率领，军团大到足以迫使彼得不战而逃。卡斯蒂尔贵族们集体松了一口气，因为彼得统治这个国家长达16年，残暴至极。

亨利用封地奖励最高级别的首领。尽管他在第二年被"黑太子"爱德华率领的盎格鲁-卡斯蒂尔军队赶下了王位，但法国王室对他的支持从未动摇。当破产的彼得无力再支付英格兰人的支持时，亨利于1369年，第二次也是最后一次废黜了他。

▲ 一位教廷使节听取了迪盖克兰的计划，迪盖克兰打算带领一些雇佣军发动一场战役，让法国的这个强大盟友登上卡斯蒂尔的王位

他提出了这个想法。那年,朗格多克地区交战的领主之间发生了一场局部冲突,迫使"鲁提埃"的大部分人前往西班牙,他们的第一次尝试以失败告终。

但是,亨利仍然确信这个主意对法国人有持久的吸引力。他与代表法国王权的安茹的查理密切合作,成功地恢复了先前的入侵计划,于1366年夺回卡斯蒂尔的王位。为了得到教皇对其远征的资助,他们欺骗住在阿维尼翁的教皇乌尔班五世,让他相信他们正在征召法国东南部的"鲁提埃"参加一场讨伐西班牙格拉纳达摩尔人的战争。这个策略很有效,教皇立刻接受了这个想法。查理五世命令来自布列塔尼的一个叫贝特朗·迪盖克兰的"鲁提埃"首领,把许多小的自由军团合并成一个大军团,归并在亨利的旗下。

"残忍的彼得"意识到这些同父异母的私生兄弟对他的王位构成了巨大的威胁,于是在1362年6月与可怕的"黑太子"爱德华——英格兰国王爱德华三世的继承人达成了一项详尽的协议。只要彼得能够提供资金,他就可以向爱德华请求军事支持。然而,把爱德华争取过来是因为强大的卡斯蒂尔海军能够为英格兰在法国的军事行动提供帮助。这件事情也同样吸引法国人,法国人计划用它来对付英格兰人。

1365年秋天,亨利强大的支持者将入侵行动推进快车道。12月,渴望在国外大肆掠夺的法国士兵们聚集在鲁西永,迪盖克兰带领他们前往巴塞罗那。

侵略军于1366年3月初越过边境,迅速向卡斯蒂尔的首都布尔戈斯挺进。彼得望了一眼便吓得丢了魂,逃到阿基坦的爱德华王子那里,把这座城市拱手让给了觊觎王位者。虽然亨利在越过卡斯蒂利亚边界后不久就已加冕,但此时却是他举行正式加冕礼的最佳时机,他于3月29日正式成为国王。与此同时,彼得与爱德华密谋夺回王位。

驱使"黑太子"的不仅是达到利用卡斯蒂尔海军以支持未来的军事行动的长期目标,而且还需要筹集尽可能多的财富来管理阿基坦,并为未来的军事进攻提供资金。鉴于他的军队行军需要通过纳瓦拉,他还让其领土的统治者国王查理二世加入了商讨。协议很快达成。彼得复位的总费用是惊人的160万弗洛林[①],彼得发誓他会支付这个费用。然而,他却没有办法筹集到这些资金。

当亨利回到布尔戈斯时,"鲁提埃"的绝大多数人已经回到了法国,因此亨利集结了大约10000名士兵来保卫这座城市,以抵御他同父异母的兄弟。他的军队主要由阿拉贡和卡斯蒂尔的军队组成,其中的5500名披甲武士中,有1000名是法国人,4500名是封地征兵。

迪盖克兰强烈建议亨利不要在对阵战中直接与"黑太子"的军队对抗,因为"他们是世界上最优秀的战士"。相反,他建议亨利发动一场防御战,通过消耗战来消耗爱德华的兵力。他建议,如果采用这种战略,盎格鲁-加斯科涅的军队可能很快就会又累又饿,撤退到阿基坦。可惜的是,这个建议没有得到重视——亨利相信他需要一场决定性的胜利来为他的王位增添合法性。

1367年2月14日,"黑太子"多达7000人

亨利仍然相信这个主意对法国人有持久的吸引力。

---

① 弗洛林:英国旧时曾用货币,相当于现在的10便士。

▲ 1367年4月,"黑太子"爱德华率领一支强大的军队和法国联军在纳赫拉击败了篡夺王位的卡斯蒂尔国王亨利二世,恢复了彼得一世的卡斯蒂尔的王位

的军队向卡斯蒂尔进发,但当他们到达维多利亚时遇到了一个问题——亨利的军队封锁了通往布尔戈斯的道路。僵持状态持续了大约一个月,直到3月底入侵者终于破营南下。

爱德华的军队越过埃布罗河,占领了纳瓦雷特村。亨利尾随他们,在纳赫拉镇东边一条叫纳赫里利亚的小河后面占据了一个有利的位置,"黑太子"的传令官嘲笑他是私生子,想要刺激这位篡位者发动战斗。这一招果然奏效。4月2日,亨利命令他的军队穿过纳赫里利亚,在广阔的平原上列队。这是在发出战役的请柬。

盎格鲁-加斯科涅军队凭借丰富的经验、厚重的盔甲和更好的战术在第二天的纳赫拉战役中取得了压倒性的胜利。他们还成功地抓住了迪盖克兰。

多亏了爱德华王子,彼得重新夺回了王位。这场战役证实了英格兰人高超的战术和"黑太子"作为指挥官的卓越声誉。剩下的就是等待彼得的付款了。经过四个月的漫长等待,彼得终于鼓起勇气告诉爱德华,他甚至连第一期的赎金都无法支付。8月下旬,"黑太子"回到阿基坦,他的身体因在战争中染上的一种神秘疾病而变得虚弱不堪。尽管他的健康状况不佳，他还是开始策划征服卡斯蒂尔以报复彼得，但是他的父亲否决了这一计划。

与英格兰人形成鲜明对比的是，法国人对亨利的支持从未动摇。篡位者在纳赫拉战役后仅仅一个月就在法国与安茹会面，讨论重新发起夺回卡斯蒂尔王位的战役。作为对法国继续支持的回报，亨利同意协助法国在未来的行动中对抗英格兰，这个提议被欣然接受了。

9月，亨利再次入侵卡斯蒂尔。此时，阿拉贡的彼得四世已经采取了中立的立场，以避免激怒英格兰人，因此他的王国是禁区，禁止进入。然而，亨利决心夺取卡斯蒂尔，即使这意味着违反彼得四世的中立原则，他带领500名法国披甲武士从富瓦郡经由阿拉贡到达旧卡斯蒂尔。

重新登上卡斯蒂尔的王位之后，"残忍的彼得"下令处决王国中每一位支持亨利的贵族——但这疏远了他的臣民。面对另一场对抗亨利的大规模军事行动，彼得知道他在卡斯蒂尔没有人可以求助，他也无法再向英格兰人请求军事支援。

当亨利向布尔戈斯进军时，社会各阶层都将他视为解放者而欢迎。绝望的彼得逃到安达卢西亚，终于得到了一些好消息——格拉纳达的苏丹穆罕默德五世借给他7000名轻骑兵。亨利从10月开始占据空无一人的布尔戈斯并用这一年余下的时间来稳固旧卡斯蒂尔和莱昂，为彼得的返回做准备。他自己也有好消息——在法国国王查理五世保证会支付赎金后，爱德华王子终于决定在12月释放迪盖克兰。

1368年4月，当亨利在托莱多包围了一个效忠于彼得的守备部队时，迪盖克兰带着600名骑兵回到了他的君主身边，为多达3000名的亨利大军增加兵力。当年的晚些时候，法国国王派来的特使抵达托莱多城外的亨利军营，让他在法国和卡斯蒂尔反对英格兰的正式联盟协议上签字。经过持续了11个月的僵持，彼得终于率领4500名骑兵向托莱多进发，然而，他的部队纪律松懈。1369年3月14日，在拉曼查的蒙铁尔战役中，彼得的部队伤亡惨重。

战役结束的时候，彼得发现自己被困在了蒙铁尔城堡。由于手中的钱财有限，他给迪盖克兰发了一条消息，以西班牙北部几个城镇和200000金币的诱人条件请求他改变立场。迪盖克兰立即回复了亨利，亨利向他保证，只要他答应背叛彼得，就满足他的条件。

战役结束九天后，迪盖克兰邀请彼得到城堡外他的帐篷里去。突然，亨利走了进来。彼得一点机会也没有，亨利挥刀在他脸上连刺了几下。

作为法国一贯支持他获得卡斯特尔的王位的回报，亨利——现在又一次成为亨利二世——履行了他和查理五世联盟条款的诺言。1372年6月，法国-卡斯蒂尔海军在比斯开湾的拉·罗谢尔附近击毁了一支英格兰舰队，法国人在亨利身上的投资获得了丰厚的回报。

在纳赫拉的血腥争斗

彼得和爱德华的盎格鲁-加斯科涅军队在纳赫拉战役中击溃了亨利国王的皇家军队,使他得以重新登上王位

■ 彼得和爱德华王子的军队
■ 亨利的军队

箭雨
法国-卡斯蒂尔军队的左右两翼分别由卡斯蒂尔的伯爵特略和阿方索指挥,攻击对面的英军两翼。但是卡斯蒂尔的弩手们无法抵抗来自英格兰长弓手的猛烈箭矢,所以他们退出了战场。

杀了王子
亨利国王的重装骑兵两次向英格兰和加斯科涅的军队发起冲锋,试图帮助陷于困境的法军徒步作战,但他们的冲锋被密集的箭矢击溃,数十名骑士丧生。亨利不顾一切地试图与他的马上骑士们冲到爱德华王子身边和他搏斗,但英格兰弓箭手赶走了他们。

可怕的大屠杀
亨利的军队撤退时,在横跨纳赫里利亚河的桥上遇到了瓶颈。那些在逃跑中没有被砍倒的士兵要么在试图游过洪水泛滥的河流时被淹死,要么被困在被高高的悬崖包围着的纳赫拉镇。亨利换了一匹新马,以逃避追捕。

快速反应
指挥法国-卡斯蒂尔先锋队的贝特朗·迪盖克兰命令他的士兵向北进发。虽然他最初打算保持守势,但最后还是决定必须向敌人发起冲锋,以便为他后面的方阵赢得时间来调整队形抵挡进攻。

决定性的战役

拉·罗谢尔战役

在1372年的这场残酷的海战中，
英格兰在法国的军事野心被淹没了

拉·罗谢尔战役是英格兰在百年战争中（可能也是在英格兰历史上）遭遇的第一次也是最具毁灭性的海战失利。尽管与斯鲁伊斯那样的海战相比，拉·罗谢尔战役的规模相对较小，但在这次战役中英格兰舰队被摧毁，这是国王爱德华三世和整个国家都承受不起的损失。爱德华曾被称为"海洋之王"，但自14世纪50年代以来，英格兰海军的主导地位一直在下降，昔日辉煌已化为泡影。除了苦苦挣扎的海军，英格兰在14世纪70年代对法国领土的控制也摇摇欲坠。对法国入侵英格兰南部的担忧使这个国家一直处于守势，但一旦发现传言是假的，爱德华三世就试图加强他的大陆军队和对法国王权的要求。彭布罗克伯爵是约翰·黑斯廷斯手下一位年轻的军事奇才，最近刚被任命为阿基坦的中尉，他的任务是召集3500名士兵来保卫该省，并协助国王的军队登陆。

战役发生的几年前，英格兰支持"残忍的"彼得夺取卡斯蒂尔的王位，而法国则支持他的兄弟特拉斯塔马拉的亨利。亨利继承了王位，当他得知英军准备起航时，派出了自己的舰队去拦截彭布罗克。英格兰舰队似乎从一开始就注定要失败。他们的装备不适合进行长期作战，只有三艘由国王亲自派遣的专用战舰。考虑到舰队装载着在欧洲大陆上集结军队所需的巨额资金，英格兰人要么是过度自信，要么是孤注一掷地派遣了这些防守薄弱的船只。我们无法得知英格兰人参加战斗的船只的数量，但充其量只有20艘英格兰船只和35艘卡斯蒂尔船只。

彭布罗克带领他的舰队首先援助最近被法国军队围攻的拉·罗谢尔镇。西班牙人在这里赶上了英格兰人，当他们接近小镇的港口时，船只间首先发生了冲突。尽管卡斯蒂尔在人数上占优势，但他们面对英格兰人的顽强抵抗却毫无进

▲ 这场战役没能解除法国人对该镇的围困，该镇不久后就被占领了

展。傍晚时分，退潮迫使两支舰队暂时分开。英格兰人的弓箭和长矛已经阻挡住了西班牙人最猛烈的进攻。那天晚上，彭布罗克和他的指挥官们进行了紧张的讨论，试图找出最好的行动方案。撤退的提议被驳回，因为西班牙的船只更快，可以毫不费力地追赶上逃跑的英国舰队。同样地，解围这个城镇的计划也被放弃了，因为英格兰船只吃水深，向城镇靠近会使它们搁浅在港口周围的浅水里。

他们最后的计划是从驻军那里获得援助，驻军已经在海湾观看了第一天的战斗。城镇的指挥官约翰·哈彭登爵士恳求镇里的守军过来援助彭布罗克，但遭到了拒绝。这是因为许多人缺乏航海经验，更为谨慎的做法是依靠城镇的防御工事，而不是陷在水里。最后，只有三名骑士乘驳船出海与英军会合。

黎明时分，西班牙人再次发起进攻。由于他们的船只吃水较浅，卡斯蒂尔人得以战胜行动迟缓的英格兰船只，并在顺风的情况下迅速包围了彭布罗克的舰队。据称，西班牙人困住了较慢的英格兰船只后，在英格兰船只的甲板和索具上涂满了油，在油浸透船只后，用火箭点燃船只。许多英格兰水手在试图逃离如地狱般的船只时被烧死或淹死。受苦的不只是甲板上的人，被关在船舱里的马也被火焰吓坏了，它们匆忙逃跑，在英格兰船只的船体上踢出了许多洞。许多船只沉没，其余的也落入敌人手中。

这些沉没船只上的大批士兵，要么被杀死，

公海上的大屠杀

中世纪的海战是激烈而残酷的战争，战船会近距离地相互冲撞

中世纪的海战不是船与船之间进行远距离的交战，而是近距离的冲撞和肉搏战。掌握着胜利关键的是披甲武士和弓箭手，而不是在百年战争初期阶段的火药大炮。

船只可以用满载弓箭手的塔楼来加强防御。一旦船只逼近，这些人就会利用他们的高度优势把大量的箭射向不幸的敌军船员。长矛和长枪这样的远程武器也很受欢迎，因为士兵可以在不离开（相对安全的）船的情况下用它们来进攻。

战争的双方也偏爱两种截然不同的船舰。英格兰人喜欢用柯克船，这种高侧舷的船非常适合在水上运送补给和士兵。它们非常重，存储容量大，可以成为漂浮的堡垒，很难沉没，但是这意味着会牺牲速度和操纵的灵活性。相比之下，法国人则会使用单层甲板大帆船——一种快速的平底船，这种船吃水浅，使它们能够更接近陆地。这种船的敏捷性也意味着他们非常适合拦截缓慢而笨重的柯克船。

▲ 英格兰人喜爱的一种中世纪的柯克船的雕刻

要么被俘，而伯爵的船也被四艘西班牙船俘获。这是百年战争期间英格兰人第一次在海战中战败，更让人痛心的是，英格兰计划用于法国招募军队的1.2万英镑也被缴获了。除了这一财政损失外，雪上加霜的是另一艘载有资金用来增援吉耶讷公国的的宝船沉没了，根据《布雷蒂尼条约》，爱德华三世获得了该公国的全部主权。因为钱没有送达，吉耶讷公国很快就被法国军队占领了。

这场战役对英格兰产生了深远的影响。爱德华三世一听到这个消息，立即取消了入侵法国的计划，并希望挽回他在海军上的损失。14个城镇整整花了一年的时间来补充英格兰舰队，随后英军成功地突袭了西班牙海岸的贸易使团。不过，这小小的收获被抵消了，那就是在舰队出发的时候，拉·罗谢尔已经被法国人占领了。英格兰人

▲ 当两船靠近时，战斗就变成了残酷而混乱的格斗

还对法国的乡村发动了毁灭性的袭击，其中冈特的约翰领导了最大规模的袭击。虽然他们洗劫并烧毁了许多城镇和村庄，但人员的损失抵消了他们的胜利。

▼ 20世纪早期再现的拉·罗谢尔船只（根据傅华萨的描述）

> 只有卡斯蒂尔人在战斗中使用大炮，而火药的使用还处于初期阶段。英格兰人依靠弓和矛来保卫他们的船只。

"黑太子"之死

爱德华三世的长子之死是英法两国历史的转折点

文/德里克·威尔逊

早在1367年,当爱德华和他的军队在炎热而又不卫生的条件下驻扎在卡斯蒂尔的巴利亚多利德时,就已经饱受发烧和痢疾之苦。从此以后,他不断地遭受病痛的折磨,这损害了他曾经强健的身体。1376年春天,他的病情复发,虚弱不堪,他知道自己时日无多。这一消息使那些感叹英格兰军事胜利的光辉岁月已一去不复返的人深感悲痛。

在中世纪,几乎没有比对"黑太子"的临终场景更生动详尽的描述了。他是一位军事英雄,在他那个时代是一个传奇。爱德华在威斯敏斯特宫的卧房里病了好几天,身体慢慢地、痛苦地衰弱下去。除了随从和医生,他的房间里挤满了家人、朋友和战友。他

是法国人给他取了"黑太子"这个绰号,也许是因为他在克雷西战役中所穿的黑色盔甲吧。

下令让门开着,这样任何想和他告别的人都不会被拒之门外。身体和精神都很虚弱的爱德华三世,来与第五个早他一步离世的孩子告别。据一名目击者称,"看到国王的悲哀,在场的每个人都情不自禁地流下了眼泪"。

爱德华的慢慢衰弱让他有时间来思考他过去的生活和他灵魂的未来命运。这反映在他冗长而详细的遗嘱中。他给家人、朋友和仆人留下了几笔遗产。他最慷慨的捐赠是恢复柴郡威勒尔的一大片森林为民用,这片森林原来是为他自己打猎而保留的。现在他签发特许状,把当地居民从所有限制中解放出来,使他们能够追逐和诱捕猎物,以供养家庭,维持生

▼ 尽管"黑太子"是王位继承人，但在爱德华三世之后继承王位的却是"黑太子"的儿子理查

14世纪困扰英格兰的种种罪恶——瘟疫、战争、糟糕的政府——影响了王国的每一个人,并且第一次引发了来自普通民众和为大众发声的评论。约翰·威克里夫对教会的现状提出了严厉的批评,他的著作使得罗拉德派的异端邪说得以兴起,多年来广为传播。14世纪末,乔叟在他的《坎特伯雷故事集》中嘲弄了各种各样的人。在这两者之间有个神秘人物威廉·朗格兰(约1332—1386),他大约在"黑太子"死亡的那段时间写下了诗歌《耕者皮尔斯》。在寓言的面纱下,朗格兰尖锐地提及了当时的一些事件。他讲了一个故事,是关于一群老鼠受到一只猫的威胁。它们召开大会,决定在猫的脖子上挂一个铃铛以警告它们猫的到来,但是,虽然它们有了项圈,却没有一只老鼠有足够的勇气给猫系铃铛。后来,一只聪明的老鼠劝它们放弃这个计划,听天由命,因为它知道"小猫在哪里都挺悲惨的"。听到这首诗的人会认出这只"小猫"就是年轻的理查二世;那只系不上铃铛的猫是冈特的约翰;老鼠大会是指"好议会",现在已经解散了,不能对压迫者提出任何反对意见。

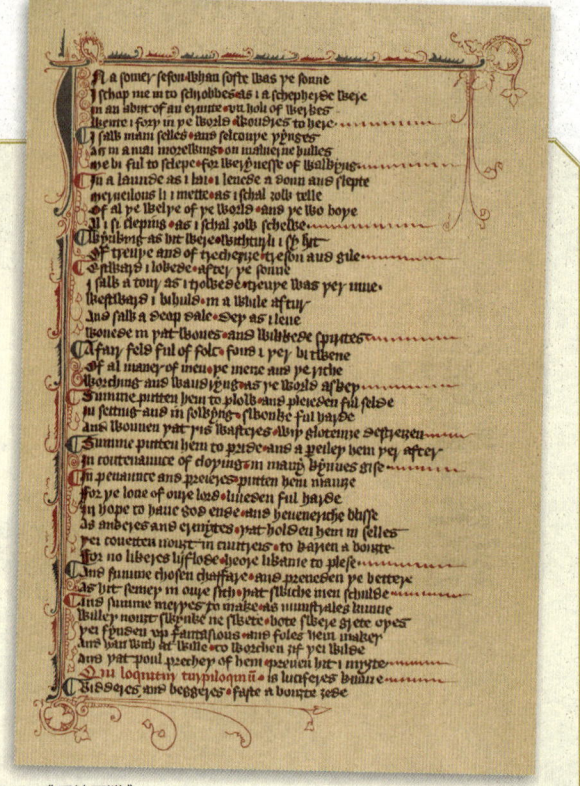

▲《系铃于猫》

王子的逝世不仅仅在英格兰接受哀悼。

计。王子最后的日子里发生的事情都被详细地记录下来,我们能够非常清楚地了解他的精神状况。为他的灵魂举行弥撒仪式不过是传统程序,但他下令将自己安葬在坎特伯雷大教堂,而不是威斯敏斯特的王室陵墓,这一点意义重大。大教堂里有圣·托马斯·贝克特的圣祠,是英格兰主要的朝圣地。不仅如此,它还与亨利二世的谦卑和忏悔有关,并对金雀花王朝的几位国王都有相当大的情感影响。

谦逊体现在爱德华为自己的坟墓所准备的墓志铭上:

……我很少想到死亡
只要我还享受呼吸。

我在世上拥有极多的财富,
土地、房屋、宝藏、马匹、金钱和黄金。
但现在我成了一个可怜的俘虏。
看哪,我躺在深深的地下。
我的美丽已荡然无存,
我的皮肉已消瘦到骨头。

然而,这种自我贬低与宏伟的陵墓本身形成了鲜明的对比。爱德华为他自己特别定制了一尊全副武装的镀金青铜像。他还指示要展示他的头盔、盾牌、外袍和护手——这是一副骄傲的、有骑士风度的武士的装备。

爱德华在弥留之际强调了要与他冒犯过的人或与他不和的人讲和。然而,他的宽恕并不是没

▼ 理查二世跪在施洗约翰、圣徒埃德蒙和忏悔者爱德华旁边

▲ 理查二世22年的统治期间，英法战争仍在继续，与苏格兰的边境冲突不断，黑死病横扫整个英格兰

有限度的。当杰出的武士兼皇家顾问理查·斯图里爵士走近他的病床时，就遭到了爱德华严厉的拒绝："看看你渴望已久的东西吧。愿上帝按照你应得的付给你报酬。离开我，不要让我再看到你。"我们不知道斯图里究竟是怎样冒犯他的。也许是因为斯图里和爱德华的弟弟——兰开斯特公爵冈特的约翰关系太过亲密，"爱德华对冈特的政策和斯图里对约翰的影响很反感"；也有可能是因为斯图里是罗拉德派的信徒，是牛津学者约翰·威克里夫宣扬的异端邪说的追随者。不管出于什么原因，爱德华觉得很难与他和解，就在他去世前不久，他才勉强地宽恕了他。

大多数在王子病榻前守候的人和在外面等待消息的人，都在哀悼这位伟大的战士的去世。这位王子被编年史学家让·傅华萨称为"全世界的骑士精神之花"，他将英格兰的军事和政治声望提升到了顶峰。但每个人都在焦虑地展望未来。老国王溺爱着28岁的情妇爱丽斯·佩尔勒斯，为她挥霍着土地和财富，而议会则由冈特的约翰把持。人们对英格兰宫廷的腐败和不断恶化的法国军事局势普遍不满。4月，急需资金的国王爱德华三世召开了议会——这次议会后来被称为"好议会"——开始对政府进行改革。他们清除了议会中不称职的成员，并把爱丽丝·佩尔勒斯打发走了。议会用更可靠的候选人填补了理事会的空缺。在这一切过程中，他们得到了"黑太子"的支持。但是，大家都很清楚，兰开斯特和他的亲信们可以等待时机。国王和"黑太子"在世上活不了多久，在他们死后，将会产生实权之争。有人担心兰开斯特会争夺王位。

爱德华王子尽其所能减轻他们的恐惧。他让他的父亲和兄弟发誓支持他九岁的儿子理查继位。然后，他又要求国会议员们和王国的所有领袖宣誓效忠理查。"我把我的儿子托付给你们，他还很年轻，还很小，我请求你们像对待我一样，效忠于他。"爱德华于1376年6月8日去世，举国哀悼。"黑太子"的逝世不仅仅在英格兰受到哀悼，整个欧洲都在哀悼，甚至法国的查理五世也为他作了追思弥撒曲。"黑太子"的影响直到死后才得到完全印证。如果他不是一个强有力的人物，如果他没有让主要的政治人物宣誓支持年轻的理查，王国很可能成为交战派系的牺牲品。国王爱德华三世在他儿子死后一年去世，1377年7月16日，理查二世正式加冕。

威廉·朗格兰在他的诗《耕者皮尔斯》中做了不愉快但有预见的评论，"小猫在哪里都挺悲惨的，这是对的""若此地的王是孩童，其王子早晨宴乐便是灾祸，他将《圣经》的警告应用于英格兰的情况，"若此地的王是孩童，其王子早晨宴乐便是灾祸"。冈特的约翰已经迅速行动以巩固他的地位。7月10日"好议会"一解散，他立即着手清除异己的工作。他阻止新议员们就位，重新安插了他自己的朋友。爱丽丝·佩尔勒斯被带回宫廷。12月，新议会召集，并于1377年1月27日召开了第一次会议。新议会的大多数成员与宫廷结盟，与其前身不同，这个被称为"坏议会"的议会没有试图独立于王室控制之外。例如，"好议会"曾投票否决了继续向法国持续冲突提供资金。它的继任者——"坏议会"，在冈特的压力下，推出了一项新的税收——人头税。这种不得人心的征税规定对所有超过14岁的人每年征收4便士的税。这一负担不可避免地对社会中较贫穷的阶层打击最大。

> "黑太子"在遗嘱中指定的要传给他儿子的遗产包括一套帷幔和数量不详的银器。

▼ 爱德华的青铜雕像被安置在埋葬他遗骨的坎特伯雷大教堂里

在随后的几年中，税收被分级，但是努力使分摊更公平的尝试从未奏效，而且还扩大了社会分化。实际上，"好议会"一事无成。它的重要性在于它提供了一个表达不满和批评政府的论坛。它燃起了一团郁积的怨恨之火，并最终演变成公开的反抗。

冈特无法掌握王权。许多贵族成员都不欢迎他，决心要让他遵守誓言。他仍然是全国最有影响力的政治人物，但没有担任任何官方职务。当时并没有正式的摄政王，年轻的国王是由议会挑选的特别监护人小组指导和担当顾问的。新的统治刚开始，兰开斯特公爵就再一次成为了敌对的中心。伦敦主教召见约翰·威克里夫，询问他所谓的异端观点。冈特带着一队武装人员参加了会议，决心支持他的门徒。计划的调查在圣保罗大教堂进行。这是一场喧闹的集会，"推搡"变成了愤怒的争执。公爵对教堂里的显贵们说："你们如果再这样做，我就揪着你们的头发把你们拖回家去！我会让你们屈服，你们和其他所有的主教们！"在一场全面的骚乱爆发之前，兰开斯特和他的同党们撤退了，也带走了威克里夫。这个"异教徒"连一个问题也没有被询问。但愤怒的反应迅速蔓延。不久，一群民众向位于兰开斯特的宫殿——萨伏伊宫走去。公爵被迫沿泰晤士河顺流而下逃亡。与此同时，与法国的和平谈判也一拖再拖。

不到一年，法国人沿着南海岸发动了一场突袭，从拉伊到普利茅斯一路劫掠，把黑斯廷斯烧成了灰烬，俘虏了刘易斯的修道院院长，并挟持他勒索赎金。这些事件，加上中央政权的不稳定，导致地方性动乱经常发生。根据威廉·卡克斯顿的《英格兰编年史》（1480年），"在理查国王统治的第三年，王国的许多地方都出现了平民起义……他们称之为'推翻时期'"。这一切导致了1381年的农民起义。

法国人也许应该利用这几年的机会，发动进攻取得决定性的胜利，但他们的问题几乎与英格兰人相同——社会动荡、政治不稳定、民众对税收的不满和对战争的憎恨。

关键人物

理查二世

国王对复仇的渴望导致他失去了王位和生命

1367年出生在波尔多的理查从他的祖父爱德华三世那里继承了王位——因为他的父亲"黑太子"爱德华在1376年去世了——那时他只有10岁。因此，在他统治的早期，这个国家实际上是由一系列的议会管理的，但到了14世纪80年代早期，国王越来越多地参与其中。理查在统治初期通过应对所有贵族和权势都害怕的农民起义，证明自己是一位有能力的国王。1381年的起义由瓦特·泰勒领导，是因王室要求征收人头税来支付昂贵的百年战争而引发的。由于许多英格兰人都在挣扎着养活自己，对更多的金钱需求成为了引爆点，大批反对者进入伦敦，他们洗劫、破坏建筑，杀害任何与政府有关的人。

当时年仅14岁的理查二世为了安全撤退到伦敦塔，但随着许多皇家军队驻扎在英格兰北部或国外，他知道他需要结束叛乱。由于没有足够的军事力量做到这一点，他只能借助外交手段。年轻的国王会见了叛乱分子，同意了他们的要求（包括废除农奴制），第二天又在城墙外与瓦特·泰勒进行了会谈。然而，在一次争吵后，伦敦市长威廉·沃尔沃斯因为担心国王的安全，刺死了泰勒。眼看着他们的领袖被杀，叛乱分子似乎很可能再次袭击这座城市，但理查骑马来到他们身边，设法缓和了局势。这给该市民兵赢得了时间，以便组织起来，"说服"叛军解散。全国各地都发生了叛乱——尤其是在东安格利亚地区——国王调动了大约4000名士兵来恢复法律和秩序。这时，理查为了争取时间而与起义者达

他的行为正使这个国家一步步地走向危机。

成的条件，被故意忽视了。到了年底，约1500名叛乱分子被杀。国王通过了他的第一次考验，证明自己是一个勇敢而聪明的统治者，但在仅仅六年后，他便失去了对王国的控制。

理查继承的14世纪的英格兰王位以及随之而来的权力与他的前任们不同。国王约翰签署的1215年的《大宪章》，已经把贵族和男爵们的权利付诸法律，到14世纪年代末，国王不可能再完全由自己单独统治国家，而不考虑他的子民的想法和感受。当然，国王仍然是这个国家最显赫的人物，拥有最大的权力，但他有必要与贵族们一起统治——或者至少让他们觉得国王正在这样做。

然而，理查不愿意与他的贵族们一起统治，他更喜欢给予一小群人恩惠和权力，这些人当中许多都是他的王室家族成员。这些人大多是骑士和小贵族，他给予他们土地、金钱和在政府中有影响力的地位。迈克尔·德·拉·波尔——一个商人的儿子，获得了整个国家最重要和最有权势的职位之一；而小贵族罗伯特·德·维尔成为了爱尔兰公爵。英格兰的贵族——拥有自己的土地、军队和古老历史的大人物们认为这些职位是他们应得的。国王在法国和苏格兰的军事失败加剧了贵族和伯爵们对自己被边缘化的强烈怨恨。百年战争是理查继承王位后必须面对的一场冲突，但他寻求和平的政策不仅剥夺了贵族们潜在的荣耀和财富，而且还惨遭失败。法国收复了以前被英格兰占领的领土，甚至威胁要入侵这个岛国。虽然理查在法国寻求和平（但没有成功），但在国内，他并不是这样的和平主义者，而在苏

▲ 卡洛琳战争

格兰和爱尔兰的军事行动也没有为他们付出的金钱和努力带来多少切实的回报。

理查被描述为英俊、高大（当他的坟墓被挖掘时，人们发现他有六英尺多高）和优雅，看起来他可能符合这些描述，但他的行为正使这个国家一步步地走向危机。理查通过议会筹集资金组建军队进攻苏格兰，以破坏该国与法国之间牢靠的友谊联盟。他亲自率领这支14000人的军队出征，但苏格兰人拒绝在战场上会战，国王返回时几乎一无所获。

法国入侵的威胁仍然阴魂不散，而理查的叔父冈特的约翰却离开国家，到今天西班牙的卡斯蒂尔去夺取主权，这对理查来说事态并未好转。国王与他的叔父关系紧张，而叔父是这个国家最有权势的人之一，但是约翰对国王一直都很忠诚。叔父不在国内，理查失去了他最具影响力和最受人尊敬的支持者，当德·拉·波尔大臣要求议会提供更多的资金时，国王和国家的政要之间脆弱的和谐被打碎。议会拒绝了提供资金的要求，坚持要将德·拉·波尔免职，并要求弹劾他。

起初，理查对议会的要求置之不理——他表示，他不会根据议会的命令解雇"内阁"的任何一个"成员"——但他很快意识到自己被打败了，不得不屈从于1386年"美好议会"的要求。他不情愿地解除了德·拉·波尔的职务，满怀怨恨地离开了首都，到全国各地去旅行。虽然毫无疑问他想要远离那些羞辱他的人，但旅行也有一个更实际的目的：巩固和确保全国的支持，如果真的到了那一步，许多贵族和男爵们将向他

效忠并提供军事支持。

这两个对立派之间的战役发生在1387年，至少对理查来说，这是一场虎头蛇尾的战斗。国王已经指示他的亲信之一罗伯特·德·维尔去召集一支军队前来支援他，但这支军队在泰晤士河的一座桥上遭到了忠于议会的人的抵抗，这就是所谓的拉德卡特桥战役。事实上，这算不上是一场冲突。那些被召集来帮助理查的人发现他们无法过桥，也没有希望战胜亨利·博林布罗克指挥的军队，所以要么投降，要么逃跑了。16世纪的编年史家拉斐尔·霍林斯赫德写道："只有三人在战役中丧生，德·维尔逃脱并流亡法国。"

国王现在别无选择，如果他想保住王位，只能同意议会的要求。很多国王的亲信不是被杀就是被流放，他的亲信圈在1388年所谓的"残酷的议会"中被无情地瓦解。尽管他的权力基础遭到了破坏，但英格兰国王掌握的权力依然强大。1389年，当稳定了地位的冈特的约翰再次掌权，理查宣布自已已经到了无须顾问就能统治国家的年龄。与法国签订了和平条约时，这些迹象都是积极的。看起来，扰乱了国家的这场冲突在理查统治时期可能只是一个暂时现象，但这仅仅是一个假象——理查相信他是上帝指定的统治者，他从来没有忘记议会是如何挑战他的权威和处决并流放他的人的。他要等待时机，然后再提醒他们国王是拥有最高权力的人。

这种脆弱的和平非常不可靠，到14世纪90年代末，所有的主要参与者都崩溃了。国王开始用越来越专横的方式进行统治，滥用权力为自己和他的追随者们攫取土地。1397年，他逮捕了

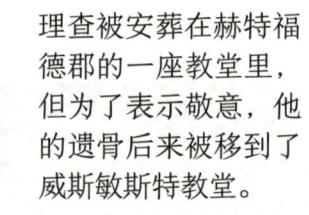

理查被安葬在赫特福德郡的一座教堂里，但为了表示敬意，他的遗骨后来被移到了威斯敏斯特教堂。

▲ 理查二世

三名政要——官方称他们策划了一起阴谋，但是没有找到证据，然而这实际上都是为了报复。这三个人——格洛斯特公爵、阿伦德尔伯爵和沃里克伯爵——是敢于挑战他的议会关键成员。他们和其他反对他的人要么被处决、流放，要么被监禁，然后理查二世重建了权力基地，这个权力基地只忠诚于他。

国王最终还是做得太过分了——1399年2月3日，国王的叔父、最忠实的支持者之一冈特的约翰死了。约翰的儿子亨利·博林布罗克被流放到法国，部分原因是理查视他为威胁。亨利来自兰开斯特家族，他的父亲控制着全国大部分的土地。然而，理查并没有让亨利返回英格兰并继承属于他的财产，而是决定为自己和他的支持者们攫取这片土地。

当理查和他的大多数骑士们还在爱尔兰时，亨利带着一小支部队回到了英格兰。一开始亨利坚称他只是为了收回他与生俱来的继承权，但当他很快发现理查没有得到多少支持时，亨利的势头越来越大。当7月国王在威尔士登陆时，很明显他的王国已经沦陷，贵族和民众都不会为他而战。理查与亨利会面了，并承诺如果能保住性命，他将退位。他被送往伦敦塔，亨利于1399年10月13日加冕成为亨利四世。这个国家有了一位新国王。

这个曾经的统治者在追求复仇的过程中把一切都抛弃了，他被送往约克郡的庞蒂弗拉克特城堡，并受到严密的看管。理查复辟的阴谋被发现后，显然不能再留他在世上，因为他太危险了。历史学家对他确切的死因众说纷纭，但普遍认为他死于1400年年初。

理查相信国王至高无上的权威，但正是这种信念使他在远离王位的阴湿黑暗的牢房中度过了最后的日子。

关键人物

冈特的约翰

这位富有的、有权力的、爱炫耀的爱德华三世的第三个儿子难免不得人心

文 / 德里克·威尔逊

兰开斯特公爵约翰是很不幸地在他父亲和长兄"黑太子"的耀眼光芒下长大的,就名望而言,与他们相形见绌。当他开始在国家和国际事务中发挥领导作用时,国王和他的继承人都已病危,只要他的侄子未来的理查二世还活着,约翰就没有继承王位的希望。

他不能以自己在军事上取得的惊人胜利来提升自己在国内的地位,也无法阻止法国在欧洲大陆的复兴,这种复兴抵消了《布雷蒂尼条约》所取得的大部分成果。然而,通过婚姻,他在大西洋两岸积累了大量的土地和爵位。

约翰是爱德华三世和他的妻子埃诺的菲利帕的第三个儿子,于1340年出生在埃诺郡的根特。当时,根特被英化为"冈特",因此王子的绰号是"冈特的约翰"。1359年,他与英格兰北部最有权势的富豪——兰开斯特公爵亨利的女儿布兰奇结婚,最终成为亨利唯一的继承人。几乎在同一时期,他开始参加他父亲反对法国国王的军事行动。1362年,"兰开斯特公爵"的称号失效。

约翰在政治上真正确立重要地位始于1367年,当时"黑太子"对卡斯蒂尔进行了决定性的干涉以支持被废黜的国王彼得。多亏了约翰的统帅才能,才在纳赫拉取得了重大胜利,使得彼得重新登上王位。但从那时起,英格兰在欧洲大陆的命运跌宕起伏。

约翰和他生病的哥哥及他们的残余军队撤退到阿基坦后,却发现要面对被法国国王查理五世煽动的叛乱。1370年,他参加了利摩日洗劫,这次洗劫不仅损害了"黑太子"的声誉,而且还引起了阿基坦全境的仇恨。

与此同时,卡斯蒂尔的彼得被谋杀了,留下了两个女儿。为了与反对法国的势力结盟,约翰和他的弟弟于1371年娶了这两姐妹(布兰奇于

1368年去世）。约翰想要通过他的新婚妻子康斯坦斯，要求继承卡斯蒂尔的王位，但没有成功，于是他建立了一个流亡宫廷。1387年，他企图入侵卡斯蒂尔，结果以惨败告终。

英格兰和阿基坦的情况也好不到哪里去。1376年"黑太子"之死与随后1377年爱德华三世之死，使得约翰成为英格兰政府的实际领导人。但他发现自己遭到了"好议会"的反对，所谓"好议会"，是因为它试图清理由不得人心的约翰和爱德华三世的情妇爱丽丝·佩尔勒斯主导的政府。

议员们对为延续一场不受欢迎的战争而征收的税收感到不满。公爵的个人声誉并没有因为他在伦敦郊外的泰晤士河边建造了一座宏伟的宫殿——萨伏伊宫——而得到提升。1381年，当农民起义爆发时，这座建筑成为了人们愤怒的焦点。一群暴民摧毁了宫殿，并发誓要用武力处死约翰，所以他不得不躲藏起来，直到混乱结束。

短期内，约翰在与"好议会"的对峙中获胜。"黑太子"爱德华死后，他解散了该议会，由另一个议会取而代之，这个议会不可避免地被大众称为"坏议会"，它废除了上届议会强制推行的改革，并对所有14岁及以上的人征收统一税率的人头税。

1390年，约翰被任命为阿基坦公爵，他参加了与法国的谈判，这次谈判促成了休战，并最

基督教罗拉德派约翰

冈特的支持促进了"英格兰异教"的传播

冈特的约翰设法拉拢来的敌人中，有几个是教会的领袖。他和许多人一样，对神职人员享有的特权感到不满，这些特权包括免税和免受王室法庭的起诉、主教和修道院的财富及教皇对主要教会任命的"干涉"。

另一个对这些问题有强烈看法的人是颇具影响力的牛津学者和传教士约翰·威克里夫。然而，他的反教权主义走得更远，因为他提供了拒绝某些教义的神学理由。他教导说，教会的最终权威是《圣经》，而不是教皇。威克里夫宣称："所有基督徒，尤其是非神职的贵族，都应该知道《圣经》。"由于《圣经》当时只有拉丁语，他着手将其翻译成英语。

公爵看到了威克里夫信息的宣传价值，并向他伸出了援助之手。1377年，当伦敦主教命令威克里夫到他面前接受异端思想指控时，他惊恐地发现，观众中有冈特的约翰。当公爵威胁说，如果主教继续下去，他就要扯着主教的头发把主教拖出去时，大会在混乱中解散了。当教皇对威克里夫做出宣判时，政府阻止了所有制裁的实施。这个"异教徒"平静地继续他的工作。

还有一些人也参加了翻译《圣经》的工作。这种非正统的观点传播开来，许多所谓的"罗拉德派"团体在接下来的150年里继续秘密聚会。尽管受到迫害，这种"英格兰异教"仍然盛行，并最终推动了英格兰的宗教改革。

▲ 约翰·威克里夫给冈特的约翰朗读他自己翻译的《圣经》

▲ 冈特的约翰与葡萄牙国王约翰一世商议

终促成了理查二世和法国的伊莎贝拉的婚姻，结束了两国的敌对状态。然而，约翰在阿基坦并不比在英格兰更受欢迎——贵族们对他没有按照规定得到分封而不满。

随着理查二世的长大成人，他与叔父的关系也有波动。人们怀疑他想让自己的儿子亨利成为王位继承人。约翰从来都不太在乎民意，1396年，他娶了情妇凯瑟琳·斯温福德为第三任妻子，引起了一场丑闻。第二年，他带头镇压了由他最小的弟弟格洛斯特公爵支持的政变。

年轻的国王仍然觉得自己是家族中的年长成员——兰开斯特公爵和约克公爵——的棋子，尤其是他们反对他缺乏与法国继续战争的热情。他把约翰的儿子亨利流放了，这在他看来是一个明智的政治举动。1399年2月，约翰在耻辱中去世。不久，理查国王没收了他的大部分财产，这一行为引发了玫瑰战争。

▲ 1530—1534年绘制的葡萄牙王室家谱上约翰的画像

长期的和平

1359年至1415年,英法两国之间的敌对状态停止,因为每个国家都有自己的难题

文 / 德里克·威尔逊

在我们考虑这两个国家的政治事件之前,有必要留意历史学家芭芭拉·塔克曼所说的"灾难性的14世纪"欧洲的潜在混乱。

最具毁灭性的灾难是瘟疫。黑死病发生在1348年至1350年,夺去了欧洲30%至50%人口的生命,在接下来的几年中还暴发了几次小规模的瘟疫。瘟疫对社会政治造成了彻底的破坏。劳动力短缺使权力的天平从贵族手中转向了下层社会,下层社会能够要求贵族让步,并消除把社会维系在一起的封建"黏合剂"。

虽然教会也深受黑死病之害,但它还有其他问题。从1309年到1378年,教皇克雷芒五世将他的宫廷迁至阿维尼翁,他的继任者们在那里居住了一个多世纪。之后,教皇成为了法国国王的棋子。

1378年,一位非法国籍教皇在罗马当选,随之而来的是长达40年的分裂和各教宗对手之间的效忠竞争。到15世纪初,教会的糟糕状况导致了诸如英格兰罗拉德派和波希米亚的胡斯派等异端团体的出现,但这只是反映对教会状况普遍不满的冰山一角。

与此同时,百年战争在很大程度上是由它本身推动的。

双方都不愿忍受屈辱。

▲ 铅锤起义的首领被处决

▲ 卡洛琳战争

尽管人们对为和平而征收的税收越来越不满，但双方都不愿忍受以接受现状为代价换取和平的屈辱。

在阿基坦，权贵们已经习惯了为了自己的私利而改变立场。但在这一阶段的大部分时间里，英法两国国王都被各自的地区和王朝问题所困扰，所以在1389年达成了为期三年的休战协议。1396年，双方将该协议又延长了28年，因为理查二世和查理六世的女儿伊莎贝拉的婚姻巩固了两国的友好关系。此时，理查对战争已毫无兴趣，而查理则患上了疯病。

英格兰的根本问题是社会动荡。根据威廉·科特的编年史，"在理查国王统治的第三年，王国的许多地方都出现了平民起义……"他们把这一时期称为"推翻时期"。这种"推翻"或暴乱，在许多地方都爆发了。

例如，1380年11月在约克，混在平民中的恶人们把市长约翰·吉斯伯恩赶出城，拿着斧头冲进市政厅，逮住了一个叫西蒙·吉河德莱的人，强迫他成为新市长，并且迫使理事会全体成员发誓效忠于他。这些事件只是英格兰东南部农民起义的前奏。

埃塞克斯郡布伦特伍德的委员们试图征收人们痛恨的人头税，此举引发了人们的自发抗议。

但理查的问题还远远没有结束。

▼ 教皇在阿维尼翁的宫殿

▲ 理查二世与农民起义的反叛者会面

人们聚集在埃塞克斯郡和肯特郡，可怕的情绪表明他们对现存政权深恶痛绝。他们用长弓、斧头和刀具武装自己，在对阵时毫不手软——有些人参加过海峡对岸的战役——并将他们的军事技能用于对付自己憎恨的权贵们。

他们占领了罗切斯特城堡，闯入房屋和修道院，打开监狱，释放囚犯，从谷仓里取走粮食，从田野里捕获耕牛来供应他们日益膨胀的队伍。与此同时，在坎特伯雷大教堂，他们命令僧侣们选举一位新的大主教，因为现任大主教西蒙·萨德伯里作为财政大臣，对征税难辞其咎，并且他剩下的日子已经屈指可数了。

他们强迫各地的人们向"理查国王和真正的平民"宣誓，而那些拒绝宣誓的人要么被谋杀，要么所住房子被烧毁。肯特人的军队驻扎在布莱克希斯，并派人去给在伦敦塔里避难的国王送信，请他去见他们。

理查带着一队载满披甲武士的驳船出发过河，但当他们听到叛军令人不寒而栗的叫喊：

▲ 一幅当代肖像画中描绘的"勇敢的查理"

勃艮第的发展

在几代有能力的统治者的努力下，勃艮第成为一个与法国匹敌的强大国家

1361年，当15岁的勃艮第公爵腓力去世时，法国的约翰二世成功地宣称对该公国拥有主权，并试图将其纳入法国版图。勃艮第的贵族们拒绝接受这一点，他们声称，这两个国家只是因为"偶然"被同一个人掌控而联系在一起，而不是一个由土地和人民组成的合法联盟。约翰被迫把公爵的爵位授予他的小儿子腓力——历史上被称为"勇敢者腓力"。

在查理五世的统治下，法国陷入了苦难的岁月。他在普瓦捷战役战败后，作为囚犯被带到英格兰，并于1378年死于那里。在年轻的查理六世的未成年时期，腓力成为摄政王之一，并与摄政时期的"同僚"——奥尔良公爵路易展开了一场权力斗争。

查理在1392年疯了之后，腓力成为了法国真正的统治者——但是他野心勃勃，总是在寻找机会增加他的公爵领地。通过婚姻和亲戚的意外死亡，他把低地国家的领土收入囊中，这一趋势在他的继任者们"无畏者约翰"和"好人腓力"身上得以延续。

在这些精明能干的统治者的努力下，勃艮第不仅成为欧洲最强大的国家之一，成为英法重新开始的战争的主要参与者，而且也成为阿尔卑斯山以北最文明的国家。这里是音乐家纪尧姆·迪费、知名画家扬·范·艾克和创造了当时最精美的挂毯的纺织工人的故乡。

▲ 谋杀西蒙·萨德伯里

"把冈特的约翰交给我们！""把萨德伯里交给我们！"时，便匆忙撤退了。伦敦民众与暴乱者联合起来，很快，在瓦特·泰勒的带领下，军队在塔丘（Tower Hill）和麦尔安德的城墙外安营扎寨。

在麦尔安德，14岁的国王与他们对峙。他同意了他们的大部分条款，如果泰勒的人安静地离开，历史可能会有很大的不同。但他们却进入塔内，找到了萨德伯里大主教并将其斩首，然后在城市里大肆抢劫。市民们被这种无法无天的表现吓得惊恐万分，转而支持国王。在随后的骚乱中，泰勒被杀，农民起义终于结束。

但理查的问题还远远没有结束。他日渐成熟，想要全面行使王权，但这意味着要挑战他叔父的权威。他用一群年轻的朋友做他的顾问，创建了一个喧闹的寻欢作乐的朝廷。

他们与议会支持的高级贵族或诉追派贵族之间的冲突很快达到了军事冲突的规模。1381年，在牛津郡的拉德卡特桥发生了武装冲突，导致理查的两个宠臣逃到国外，不久死去。理查决心复仇，并享受他作为国王应享有的行动自由，但这一决心可能被他深爱的第一位王后波希米亚的安妮止了。然而在她1394年死于瘟疫之后，他的情绪发生了变化。

1397年夏天，他精心制订的摆脱诉追派贵族的计划成熟了，他逮捕了格洛斯特以及沃里克和阿伦德尔的伯爵，并判处他们死刑（尽管沃里克的判决被减为无期徒刑）。理查不敢以同样的

▲ 1399年，冈特的约翰的儿子登上王位，成为亨利四世

▲ 理查二世与格洛斯特公爵会面

  1392 年,查理遭受了严重的精神崩溃,杀死了四名骑士,并袭击了他的兄弟。

方式对待他的叔叔，所以格洛斯特被带到加来杀害了。

国王与法国的伊莎贝拉的联姻带来了持久和平的前景，但这也削弱了他的王朝地位——他没有孩子，新王后还是个孩子。唯一可能的挑战来自冈特的约翰的儿子亨利。

1398年，查理将亨利流放，并阻止他在约翰死后回来继承他的遗产。第二年，亨利带着区区几百个侍从回来了，但由于理查已经变得很不得人心，人们纷纷向亨利靠拢。理查的失败是彻底的，也是迅速的。他在死前被囚禁在各个不同的城堡里，最后死于庞蒂弗拉克特——很可能是被谋杀的。

在这段时期，法国也同样动荡不安。那里的人们也饱受战争的折磨，国内政治局势紧张，主要是由黑死病和教皇分裂造成的。查理五世在很大程度上成功地扭转了法国的战局，使之对法国有利，他收回了在《布雷蒂尼条约》中割让给爱德华三世的大部分领土。然而，一旦国王对政府的牢牢控制被他的死亡所打破，潜在的紧张关系就会浮出水面。

和爱德华三世一样，法国国王的继位者查理六世尚未成年，这导致了派系争斗。1382年，也就是英格兰农民起义仅仅一年后，战争税在巴黎和鲁昂这两个主要城市引发了起义。在鲁昂，修道院基本被毁，叛军洗劫了档案馆，将公共档案烧毁。

在巴黎，数千民众洗劫了教堂和富人的房子，他们被称为"铅锤"，因为他们挥舞着铁制的锤棒或"铅锤"。起义变成了一场大屠杀，数以百计的犹太人被杀害。查理六世试图通过谈判结束动乱的努力失败了，直到城市被封锁，食物供应被切断，国王才重新获得了控制权。

鲁昂的民众起义也逐渐消失，但这两个城市的抗议失败并没有妨碍全国范围内的类似抗议活动的兴起。财政收入的损失阻碍了战争的继续，查理六世欣然同意延长休战。

在查理六世的未成年时期，政府基本上由他的叔叔们控制着——但是国王在1388年摆脱了他们的控制。然而，1392年，他经历了严重的精神崩溃，杀死四名骑士，并袭击了他的兄弟。此后，查理饱受反复发作的精神错乱的折磨，他认为自己是玻璃做的，这在当时是一种罕见但并非未知的心理疾病。

与此同时，两个政党出现了，每个政党都试图以国王的名义行使权力。一个政党由查理的兄弟奥尔良公爵路易领导，而另一个由他的堂兄勃艮第公爵约翰领导。1407年11月，约翰让一伙刺客在街上杀死了他的对手，但这并没有使局势变得明朗。相反，它导致了两支武装部队——阿马尼亚克和勃艮第——的出现，并导致内战状态一直持续到1435年。1419年，约翰被谋杀。正是这种内部混乱的状态，使得英格兰国王亨利五世通过与新的勃艮第领袖腓力三世结盟，重新获得了梦寐以求的法国王位。

兰开斯特战争

在战争的最后阶段，从1415年到1453年，英格兰似乎处于胜利的边缘，但上帝再次扭转了局势……

- 125 查理六世
- 128 亨利五世
- 132 阿让库尔
- 146 《特鲁瓦条约》
- 152 英军占领巴黎
- 156 博热战役
- 158 贝德福德，忠诚的领袖
- 165 传说的背后：圣女贞德
- 178 福尔米尼&卡斯蒂永
- 186 《皮基尼条约》

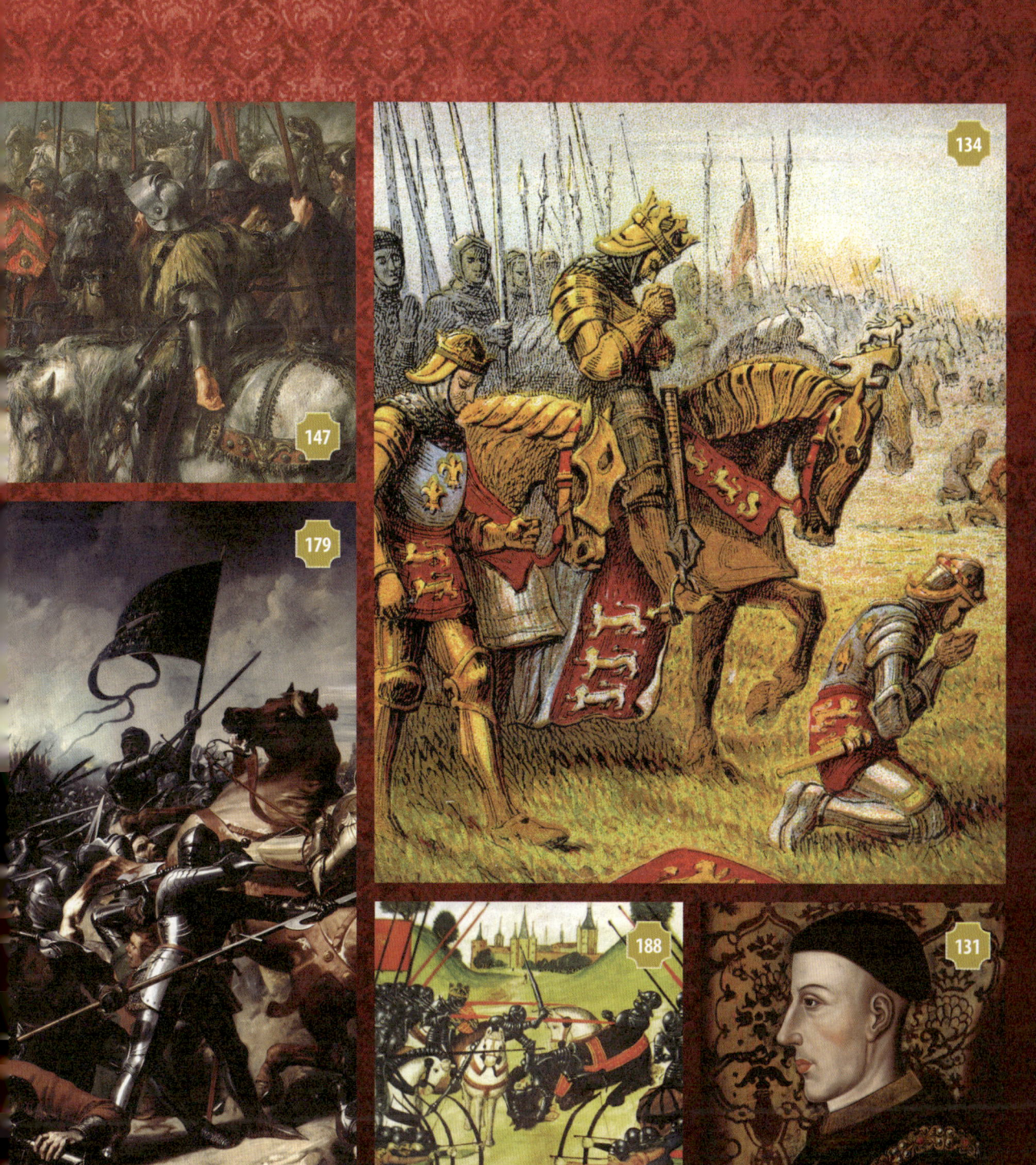

查理和他的妻子巴伐利亚的伊萨博有12个孩子,其中大多数不幸英年早逝。

关键人物

查理六世

他是法国的英雄，但是他光明的未来却被精神病所窃取

自出生以来，查理六世就被期望成为一位伟大的领袖。他的父亲成功地从英格兰手中夺回了法国失去的领土，并充实了国库。经过多年的动乱和不稳定，法国终于有了良好的基础，它迫切需要一位能够抓住这些机遇，一劳永逸地结束百年战争的国王。查理似乎命中注定要成为这位国王。

查理没有太长的时间了解他的父亲，他的父亲是受人尊重、英明睿智的查理五世。1380年，查理年仅11岁时，父亲就去世了，但人们并不指望王子能在这么小的年纪就掌控国家。他是国王，但他的四个叔父都有摄政权。虽然他可以凭借自己的能力在14岁时亲政，但这种长期的摄政实际上一直持续到他21岁。叔父们认为，最好还是把重点放在查理的教育上，以确保他成为带领法国走出黑暗的最佳人选。与此同时，他的叔父们和其他受信赖的精英们组成了一个名为"12人理事会"的团体来统治国家。

王子相貌英俊，具有骑士风度，是令人信服的人物。查理赢得了武士骑马比武，在军事远征中的表现也鼓舞人心。他还是一个热情而又多愁善感的年轻人，很受人们的欢迎和喜爱。然而，在他掌权后，他面对着一些残酷的事实。他的叔父们并不那么为法国的利益着想，他们挥霍了查理五世在位期间辛苦充实起来的国库。为了解决这个问题，查理重新征缴赋税，这在各省引起了叛乱。

查理所受的教育对他很有帮助，他也很清楚他的叔父们对法国的危害有多大。他在1388年结束了摄政，并在此过程中驱逐了他的叔父们。然后他请回了他父亲的顾问们——"小人物"（the Marmousets），他们在他父亲的统治期间证明了他们的本领。查理的举措一步步地恢复了民众对王室的信任，并很快被人们称为"心爱

的查理"。一切似乎都走上了正轨，查理会成为与生俱来的英雄。

然而，与许多史实如出一辙的是，事情并没有完全按照预期发展。当查理的朋友在1392年差点被谋杀时，他开始了一场追捕罪犯的远征。在战役中，查理发了高烧，结果导致他袭击了自己的同伴。几名士兵制服了他，在他失去意识之前，他已经杀死了一名骑士和其他几个人。这一事件是前所未有的。查理之前从未表现出任何精神不稳定的迹象，当时他才25岁。为了他自己和其他人的安全，国王被匆忙地戴着镣铐送回巴黎，与他关系最密切的人希望这是一场偶发的精神错乱。不幸的是，事实并非如此。

查理的精神不稳定不仅持续着，而且越来越严重。战场上的那次袭击是44起类似事件中的第一次，之后每一次都比前一次更加暴力，而且经常是国王身边的人被杀。查理时而清醒时而疯狂，这些精神发作有时可能持续数月之久，而在他清醒时，那个受人爱戴、受人尊敬的领袖就会重新出现。

距查理1392年第一次发作仅一年后，他经历了一段时间的精神疾病，这使他认不出自己的妻子，甚至记不起自己的名字。1395年，他声称自己是圣·乔治，并坚持说他的家族徽章上有一头被剑刺穿的狮子。有时他还在宫殿里狂奔，甚至有几次是赤身裸体。为了防止他逃跑，宫殿的入口处都用围墙围住了。

查理持续的精神不稳定对法国的政事造成了灾难性的影响。随着他的权力被削弱，像勃艮第和奥尔良这样野心勃勃的公爵开始争夺权力。国库被掏空，敌对派系之间爆发了内战。除此之外，来自英格兰的威胁也越来越大。

虽然查理在陷入精神错乱之前已经设法与英格兰建立了某种表面上的和平，但亨利五世还是忍不住要利用法国目前的混乱局面。英格兰国王领导了对法国的入侵，并在1415年的阿让库尔战役中达到高潮。阿让库尔战役被认为是英格兰最伟大的胜利之一，这次战役严重地削弱了法国的战斗力，并将迎来英格兰在战争中取得胜利的新时期。1420年，查理被迫同意亨利作为他的继承人，因此剥夺了他自己17岁儿子的继承权。查理的女儿凯瑟琳也被许配给了亨利。

查理于两年后去世，享年53岁，他的去世使法国陷入了一场继承权的争夺战。亨利六世——他年幼的外孙——也是英格兰国王，通过加冕仪

查理的母亲生下查理后也出现了精神不稳定的状况。

玻璃幻觉

查理是如何开始了中世纪最不堪的精神错乱的

查理在精神崩溃期间最不寻常的胡言乱语之一是，他是玻璃做的，如果有人碰他，他就会碎掉。和国王一样，他的臣民们似乎也接受了这些错觉，他们把铁丝缝进他的衣服里，这样他就不会碎了，这听起来非常奇怪和特别。查理并不是这种特殊的精神错乱的唯一受害者。事实上，各地的病例被广泛地报道，这种疾病也因此被命名为"玻璃幻觉"。

这种情况的特殊之处在于，这种病局限在中世纪晚期和现代早期，大多数病例发生在15世纪到17世纪。查理是最早被报道的病例之一，这种精神错乱主要集中在欧洲贵族和受过教育的阶层。它非常有名，当时有很多关于它的文学作品，其中包括一部名为《玻璃律师》的戏剧，以及大量的诗歌和小说。

17世纪之后，这种精神障碍似乎差不多消失了，今天鲜有病例被诊断出来，所有这些都将这种不寻常的精神障碍与一个特定的时期、人和文化联系在了一起。

▲ 法国哲学家勒内·笛卡尔在他1641年的著作《第一哲学沉思录》中提到了"玻璃幻觉"

式正式宣布成为法国国王。然而，在圣女贞德的支持下，查理被剥夺了继承权的儿子声称自己才是真正的国王，自称为查理七世。

如今，查理的故事常常被人们认为是某种笑料——疯子国王赤身裸体地奔跑，并且认为自己是玻璃做的。但事实上，查理不稳定的精神状况和当时人们对他缺乏理解的影响是毁灭性的。对于一个迫切需要走出黑暗的国家来说，查理本可以是光明和希望的化身。可悲的是，对于他自己和他的人民来说，希望迅速结束持续不断的动乱的愿望并没有实现。而今天，这个本可以成为英雄的国王却被称为"疯子查理"。

关键人物

亨利五世

差点就得到一切的国王

具有讽刺意味的是，英格兰最受爱戴和最有名望的国王之一并不打算统治这个国家。当未来的亨利五世在1386年或1387年出生时，理查二世正在王位上。当亨利还是个小男孩时，理查把他扣为人质以确保他的父亲行为端正。不幸的是，亨利的父亲没怎么想好好表现。1399年，亨利的父亲篡夺了英格兰王位——当时的君主正在爱尔兰——成为亨利四世，并让他的儿子成为威尔士亲王。对于年轻的亨利来说，幸运的是，理查已经渐渐开始喜欢他了，父亲的行为没有给他造成任何伤害。

王子从很小就表现出了军事才能，在1403年的什鲁斯伯里战役中勇敢战斗，其头颅中箭，所幸这箭射得比较低，并没有使他失明或死亡。他的领导能力是他这一方阵营获胜的主要因素。从1400年到1404年，他一直履行康沃尔郡郡长的职责，这也证明了自己是一位能干的政治

▲ 1420年亨利和凯瑟琳的婚礼，画于430年后的1850年

领袖。

亨利在他父亲即将离世时努力与他好好相处。国王生病期间，亨利二世掌管了枢密院，在15世纪10年代初，父子二人支持法国不同的交战派系，导致了二人的关系紧张。国王站在阿马尼亚克这一边，而王子认为勃艮第人是正确的。

父亲去世后，亨利于1413年继位，成为亨利五世。他统治的第一步是镇压叛乱，然后在1413年4月9日向议会宣布他要重新点燃与法国的战火，以夺回以前由英格兰国王控制的领土。他在1415年正式开战。

亨利的军队于1415年8月在法国登陆之后，很快就包围了阿夫勒尔要塞。由于痢疾，亨利损失了三分之一的军队，这迫使他放弃了进军巴黎的计划。紧随这次胜利的是阿让库尔战役，这是英格兰及其国王的决定性胜利。获胜后不久，亨利回国，受到伦敦人的欢迎，人们把他奉为英雄。

1417年，他又回到了法国，这一次，他席卷了诺曼底和卡昂。经过漫长的围城之后，1419年（也就是亨利与勃艮第公爵结盟的那一年），他在鲁昂也采取了同样的做法，但这次事件暴露了国王的另一面——人们认为他是中世纪骑士精神的缩影。随着战斗愈演愈烈，12000名鲁昂居民发现自己被困在了城墙和英军之间的无人区，其中许多居民是年老体弱者。亨利无情地下令让他们忍饥挨饿。

1420年签订的《特鲁瓦条约》是亨利的至高荣誉。他被任命为法国王位的第二顺位继承人（法国太子实际上被剥夺了继承权），亨利的继承人将继承他的王位。作为回应，他与瓦卢瓦的凯瑟琳（查理六世和王后伊萨博的女儿）订婚了。

亨利于1420年回到英格兰，与凯瑟琳结婚，之后这对夫妇开始了在英格兰的王室之旅。他所到之处，人们的反馈都是一样的：不要继续

对于下雪的解释

当国王加冕时，人人都注意预兆

▲ 威斯敏斯特教堂里亨利五世国王墓上的木质雕像

1413年4月9日，亨利前往威斯敏斯特教堂举行他的加冕典礼。天气反常，伦敦开始下雪了。亨利去世之前，常驻圣奥尔本斯修道院的编年史作者托马斯·沃尔辛厄姆回忆起当时全国流传的两种解释。

普遍的看法是英格兰注定在劫难逃。寒冷的天气意味着新国王将是一个冷酷的君主，他将以残酷的心和铁腕统治他的臣民。另一方面，也有一些人持乐观态度，认为这场雪意味着恶行将被冻结，美好的新气象将在即将到来的春天开始繁荣兴旺。

然而，这一切也有可能都是沃尔辛厄姆编造的。这些文章正好写于国王去世之前，沃尔辛厄姆有可能在攻击这位君主，他认为国王越来越专横和贪婪。

▲ 瓦卢瓦的凯瑟琳，亨利的妻子，也是亨利六世的母亲

1415年年初，王太子的使节们向亨利赠送了网球，这是对他的一种侮辱，暗示他只是个男孩子。同年他向法国进军。

百年战争了。事实上，在法国太子开始煽动人们抵抗之前，亨利的计划就是结束敌对状态。

1421年，亨利再次横渡英吉利海峡，希望挽回英格兰在博热战役中的失败。同年10月，他围攻了莫城，但莫城直到1422年5月才投降。当他出征的时候，凯瑟琳在1421年12月生下了未来的亨利六世，但是他俩再也没有见过面。8月，国王病倒了，无法再带领军队作战。令人感到屈辱的是，这位骁勇的国王不得不被人用担架抬着到处辗转。

在生命即将结束之际，亨利最紧迫的问题是他的两个王国——英格兰和法国——的安全。虽然他在英格兰有一个儿子，但那还是一个婴儿，所以亨利委任他最小的弟弟格洛斯特公爵汉弗莱作为婴儿的监护人。他的另一个兄弟贝德福德公爵约翰被委任执政法国。大约在发病三周后，亨利于1422年8月31日在万塞讷去世。

国王的遗体经过防腐处理，被送往北方的鲁昂大教堂，在那里暂做停留后，又被运过英吉利海峡，葬在威斯敏斯特教堂，靠近忏悔者爱德华和他的父亲理查二世的坟墓。他没能活到加冕法国国王——查理六世在他死后几周就去世了。

人们铭记亨利是位英勇善战的国王，他曾在阿让库尔亲自率军作战，而查理六世则坐在巴黎的宫殿里。他的丰功伟绩得以流传，部分要归功于莎士比亚在《亨利四世》第一部、第二部和《亨利五世》中对他的描写，但不可否认的是，他差点儿就拿下了法国。

> 在什鲁斯伯里战役中亨利头上中的箭，必须用特制的钳子来拔除。钳子被小心地插进六英寸，以抽出箭柄。

决定性的战役
阿让库尔

经过一段长期的休战后,亨利五世的士兵们拿着他们的长弓向法国进发。百年战争的战火即将重新燃起

到1415年夏,法国已经收复了爱德华三世征服的大部分土地。阿基坦和加来还在英格兰人的控制中,但是跨越英吉利海峡的入侵者们几乎完全被赶出了诺曼底和佛兰德。在英格兰,亨利五世已经在位两年,他决意亲自收回法国的大片土地。

亨利从他的曾祖父爱德华那里继承了王位,他最初提出支付法国160万克朗让其承认英格兰的统治,同时要求法国支付赎金来换取法国国王约翰二世的遗体(约翰二世于1356年在普瓦捷战役中被俘)。但有关这些苛刻条款的谈判不出意料地失败了,因此亨利采取了军事行动。

除了强烈的征服欲望之外,这位善战的国王还拥有成功入侵的理想条件。尽管最近有人密谋推翻他的统治,但他得到贵族们的支持,国内大体安稳。或许最重要的是,欧洲大陆出现了动荡。

▲ 阿让库尔战役——格雷厄姆·特纳绘

▼ 虽然骑士规则规定任何战场都不应对任何一方有利，但阿让库尔的地理位置显然对英格兰人有利

一到达，亨利就最先登上岸，双膝跪地，祈祷上帝赐予他力量对抗敌人。

法国国王查理六世有精神病发作的倾向。1407年，他的混乱统治导致了瓦卢瓦王室内部敌对派系的形成。奥尔良公爵路易，同时也是国王的兄弟，在巴黎被勃艮第人谋杀，内战即将爆发。法国在1389年打败英格兰后，已陷入一片混乱。亨利准备出击了。

入侵开始

从南安普敦出发，亨利坚信他可以统一英格兰和法国的王权——他坚信英格兰拥有法国王位是与生俱来的权利，是上帝的旨意。8月14日，他带着8000名弓箭手和2000名披甲武士登陆诺曼底，他们的服役期限为12个月。一到达，亨利

对立军队

英格兰
指挥官

亨利五世军队
约500-1000名披甲武士和7000名长弓手

改变战局者
英军长弓的射程和射速，从克雷西战役时已经改良并且被英格兰和威尔士的技术娴熟的弓箭手们使用

法国
指挥官

阿布莱特 / 查理一世军队
约12000—30000名披甲武士和骑士，并备有弓弩手和大炮

改变战局者
数量巨大的披甲武士和骑士可以摧毁英军战线，同时有弓箭和坚硬的装甲盾牌护自身

> 法军一团糟，倒下的士兵陷入泥里，筋疲力尽而无法再次站起来。

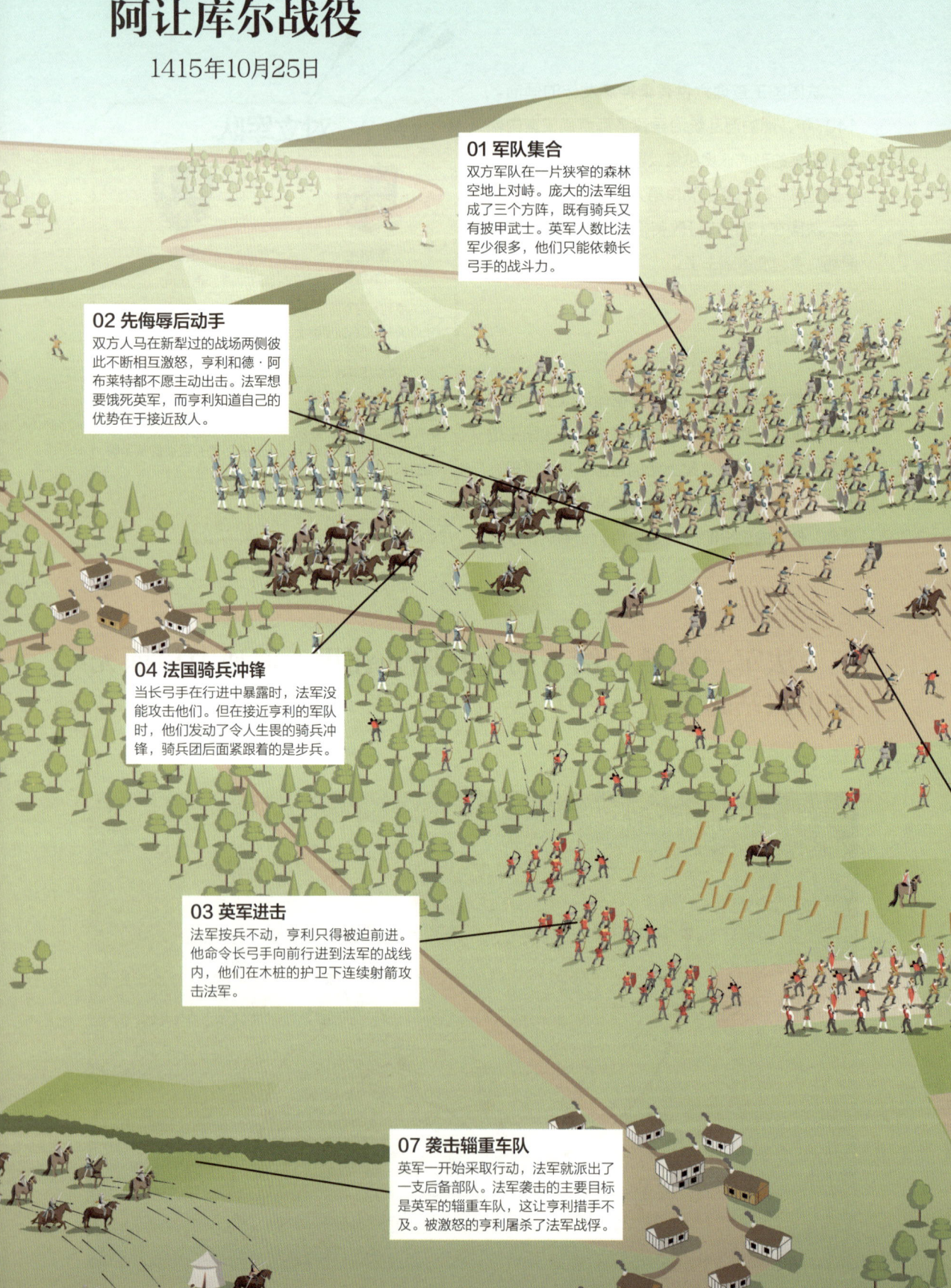

长弓手

从英格兰和威尔士人中选拔的长弓手是亨利军队的支柱。

箭
长弓可以使用多种不同类型的箭头。最简单的是锥体尖箭头，即使是非常坚硬的装甲盾牌，大部分箭也可以穿透。

长弓
长弓起源于威尔士，由紫衫木、白蜡树、橡木或者桦木制成。到阿让库尔战役时，长弓已经是中世纪战场上最令人生畏的武器之一。

盔甲
与披甲武士不同，长弓手除了一件用熟皮做的皮夹克和偶尔戴头盔之外，几乎没有穿盔甲。弓箭手的战术是基于敏捷和轻盈的步伐。

辅助武器
在近距离搏斗时，长弓手会扔掉长弓，用剑、斧头和棍棒进行搏斗。弓箭手最适合远距离作战，肉搏是最后一招。

训练
如果没有训练有素的弓箭手，长弓是没用的。除了箭术，其他的体育运动在周日都被禁止。最有才干的弓箭手都被选拔到英军中。

战术
长弓手易受骑兵攻击，因此要在射程内从侧面攻击敌人。每位弓箭手携带60—70支箭，可以持续射箭大约六分钟。

◀ 由于盔甲有限，长弓手经常被布置在挡墙后面或者散置在军队中，以得到更好的保护

就率先登上岸，双膝跪地，祈祷上帝赐予他力量对抗敌人。

英军的计划是围攻附近的城镇阿夫勒尔，这里曾是对英格兰海岸进行突袭行动的中心。入侵开始时进展不利，围攻时间远远超出预期，法军进行了一个多月的猛烈抵抗。当阿夫勒尔最终于9月22日投降时，作战季节已几乎结束。攻占巴黎和波尔多的计划因英军寻求在加来过冬而被搁置。他们把大炮、1200名士兵和大部分辎重车队留下作为守备部队，然后向北行军160千米前往加来。出发之前，亨利联络了加来总督威廉·巴尔多夫爵士，请求其护卫他选定的索姆河渡河点——1346年，爱德华三世曾在这里渡过了索姆河。

自从阿夫勒尔失陷后，法国人一直在跟踪英军，查理召集了王国各地的骑士与亨利的军队交战。国王给王国的每一个贵族发送信件，聚集了大量的军队以赶走入侵者。所有的武器和大炮都从城镇防御任务中撤出来，投入到战场上。虽然国王在聚集士兵方面起了很大作用，但是他不能亲临战场。在国王不在战场的情况下，陆军元帅布西科和治安官德·阿布莱特将率领法国军队作战。法国的主力军队驻扎在附近的鲁昂，却眼睁睁地看着亨利的军队毫无阻拦地向加来进军。他的军队规模庞大，没有一个城镇或村庄敢与之对抗，军队也不需要掠夺财物，因为几乎每个城镇都为他的士兵和马匹提供食物。

德·阿布莱特和他的士兵打算在他们的大本营——阿布维尔和亚眠附近与英军交战。爱德华三世在克雷西大获全胜的战场就在附近，所以法军急切地渴望在他们战败69年后在同一个地点复仇。然而，战事并没有按照他们的想法发展。相反，法军在索姆河切断

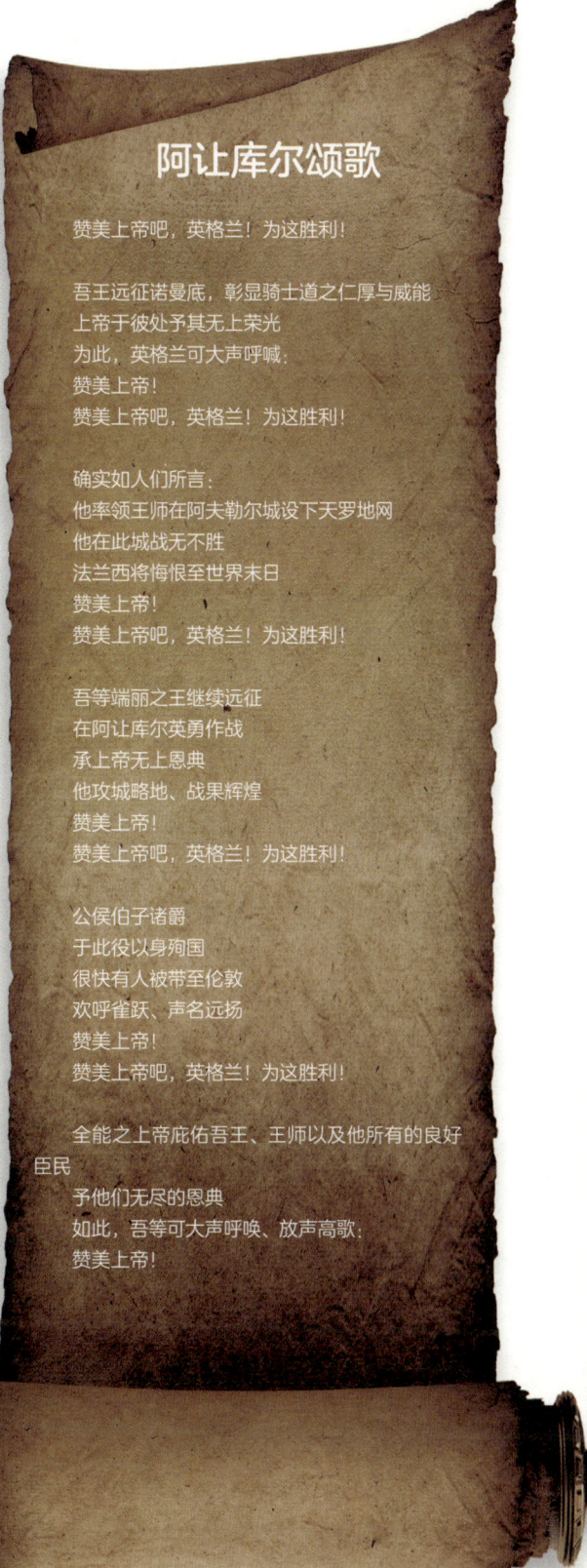

阿让库尔颂歌

赞美上帝吧，英格兰！为这胜利！

吾王远征诺曼底，彰显骑士道之仁厚与威能
上帝于彼处予其无上荣光
为此，英格兰可大声呼喊：
赞美上帝！
赞美上帝吧，英格兰！为这胜利！

确实如人们所言：
他率领王师在阿夫勒尔城设下天罗地网
他在此城战无不胜
法兰西将悔恨至世界末日
赞美上帝！
赞美上帝吧，英格兰！为这胜利！

吾等端丽之王继续远征
在阿让库尔英勇作战
承上帝无上恩典
他攻城略地、战果辉煌
赞美上帝！
赞美上帝吧，英格兰！为这胜利！

公侯伯子诸爵
于此役以身殉国
很快有人被带至伦敦
欢呼雀跃、声名远扬
赞美上帝！
赞美上帝吧，英格兰！为这胜利！

全能之上帝庇佑吾王、王师以及他所有的良好臣民
予他们无尽的恩典
如此，吾等可大声呼唤、放声高歌：
赞美上帝！

> **位于中心的长弓手们往地面钉木桩，巩固他们的位置，这是他们从以前的战争冲突中学到的战术。**

了英军的进攻。

当亨利到达河口时，却不见巴道夫的影子，令他吃惊的是，法国人已经在主要渡口设置了路障。亨利不得不改道至另一座桥，这不仅消耗了他的资源，也动摇了他手下人的决心。终于渡河之后，他们在距离加来仅有48千米的地方遭遇了法国人，距离法国重兵把守的小镇埃丹不远的安全地带还有两天的路程。当庞大的法军在地平线上涌出蔓延开来时，一场对阵战已不可避免，他们选择的地点是特兰姆库尔村和阿让库尔村之间的一片森林。

聚集山脊

疲惫不堪、疾病缠身的英军已经跋涉了17天，根本没有作战的条件。在依靠坚果、生菜和受污染的饮用水生存了多日以后，英军士气低落。相比之下，法军则生机勃勃，每小时都有新兵不断到达。他们彻夜赌博、饮酒，对于第二天的胜利信心满满。有些士兵甚至制造了一辆马车，准备胜利后拉着亨利的尸体穿过巴黎的大街。

第二天早晨，天气又冷又湿。冬天马上就要来临，士兵们脚下新犁过的土地好像是一夜大雨过后留下的泥坑。黎明前，长弓手们在可以俯瞰战场两侧的小山脊上就位，同时也有一些穿插在步兵团的核心位置。

虽然是一支英格兰军队，但许多长弓手却是威尔士人。长弓最早在威尔士被广泛使用，军中最优秀的长弓手都来自威尔士。500名披甲武士加入了长弓手的队伍，士兵们紧张地排成一排。他们大多都是普通人，并不是久经沙场的老兵，他们眼看着法军在他们的对面集结，而且数量是自己队伍的六倍。

国王亨利戴着王冠和用羽毛装饰的头盔，不断地鼓励他的士兵，并且和他们并肩战斗：亨利负责中心战线，托马斯·厄平汉姆爵士指挥右路战线，卡莫伊斯公爵率领的是左翼部队。浓密的森林把双方军队围在一个大约900米宽的狭窄空间里，但是法军确信他们的骑兵部队还有足够的空间从侧翼包围英军，从而打击致命的弓箭手。法军分成了三条战线：先锋部队、主力部队和防御部队。其中一线是骑兵，另外两线是步兵。德·阿布莱特、布西科及波旁公爵和奥尔良公爵率领先锋部队。

法国人知道长弓手的威胁，并且已经在克雷西战役后就改良了他们的盔甲。他们现在穿着厚重的钢板，戴着面罩头盔。每个骑兵的盾牌上都装饰有盾形纹章，法国的战斗旗帜——金莺旗在头顶飘扬。作为回应，英格兰士兵佩带着弓，其威力比爱德华三世征服时使用的要有力得多。双方的高级步兵都使用双手剑，不过大部分士兵使用单手剑或者长矛甚至是像锤矛、锤子和棍棒这样的钝器。

亨利出击

由于双方的指挥官都不愿意率先动手，两边军队开始互相辱骂。法军不愿意进攻，因为布西科特别清楚，如果战斗持续时间长而没有食物，英军就会饿死。亨利也清楚地知道这一点，因此，他最终孤注一掷，命令长弓手进攻。

双膝跪地亲吻地面后，长弓手们一直向前推进到离敌军前线大约238米的地方。一名训练有素的弓箭手能从220米远的地方击穿盔甲，杀死或者射伤目标。当弓箭手们解散队列进军时，法军没有袭击他们，这已经犯了第一个错误。德·阿布莱特和布西科特是经验丰富的老兵，但他们无法像亨利国王那样在部下面前确立权威，得到尊敬。

对于法国，不幸的是，国王查理六世还在巴黎，由于精神病发作而无法领导军队。而在阿让库尔，几队弓箭手已经秘密地穿越了包围战场的森林地带，进入到附近的特兰姆库尔村，为英军创造了又一个攻击角。弓箭手们毫不受阻地前进，位于中心的长弓手们往地面钉木桩，以巩固他们的位置，这是他们从以前的战争冲突中学到的战术。上午11时，遵照国王的命令，弓箭手们开始射击。作为回应，法国的骑兵部队也开始冲锋，紧随其后的是披甲武士。

长弓手们在发射标准的锥体尖箭头之前，先发射的是用来激怒敌军的箭，来故意射伤和迷惑法军队列。在狭窄泥泞的战场和人手严重不足的情况下，法国骑兵惨遭英军箭雨的杀戮，受惊和受伤的战马失去控制。稍微靠近一点儿的战马也被木桩挡住，而掉头的战马则撞向了迎面而来的

▲ 在法军的队伍中，贵族们为了能在战斗中展示自己的盾形纹章而相互竞争，结果则是更加混乱。

披甲武士，阻滞了进攻。战场已被马蹄搅得更加混乱。战场太狭窄了，法军的弩手和大炮无法支援现在被孤立的步兵，而筋疲力尽的步兵还要遭受箭雨的攻击。

法军勉强攻到敌军的队伍中，英军的防线开始在压力下崩溃。但英军知道，如果离开狭窄的战场将会全军覆没，于是他们重整旗鼓，让长弓手们扔掉弓，拿起剑和斧头。法国的披甲武士有厚重的装甲盾牌保护着，但是身手敏捷的弓箭手们特意缩短了他们的剑和长矛的长度，在没有保护的地方任意挥刺，而数量庞大的法军却难以有效地用力挥动威力巨大的长刀。法军战线混乱不堪，由于筋疲力尽和身穿重达50千克的盔甲，倒下的士兵陷到泥里后，便无法再次站起来。

战斗开始30分钟后，法军三条战线中的两条已经完全被消灭。阿朗松公爵和法军指挥官德·阿布莱特一样，战死在泥泞的战场上。英军约克公爵和萨福克公爵战死，但是亨利还活着，在战斗最激烈的时候，亨利勇猛地护卫着的他的兄弟，格洛斯特公爵，也同样活着。

围攻失败

目睹了这一惨象后，熟悉当地情况的伊桑巴尔·德·阿让库尔和罗伯特·德·布农维尔决定袭击亨利军队的后方。这里是英军入侵期间关押法国战俘的地方。一支由农民战士和骑兵组成的小分队迅速击溃了数量有限的英方守军，洗劫了英军营地，同时还夺走了战马，甚至还有一顶王冠。

▼ 法军士兵一旦跌倒就会因无法起身而被他们的战友踩踏，溺死在泥泞中

亨利被激怒了，但他同时也担心法军会大规模反击，于是命令杀死除了高级贵族之外的所有战俘。英军的披甲武士们拒绝了，因为这有悖于他们的骑士精神，所以弓箭手们接受了这一任务，残忍地杀死了战俘。法国战俘多于英军士兵，这样做有效地消除了起义的可能性，但也大大减少了战争结束后索取赎金的机会。

在前线，由玛尔勒伯爵和福肯伯格伯爵率领的600人的反击造成了一场灾难。这一挫折是最后一根稻草，法军的最后防线崩溃了。8000名法国人（包括三分之一的参战贵族）阵亡，而英军阵亡人数只有几百人。尽管困难重重，英军还是赢得了这场战斗。

后果

英格兰人在胜利后欣喜若狂，唱起了早期的《阿让库尔颂歌》和其他传统的庆祝歌曲。事实证明，法军所犯的一系列错误是致命的，而战斗的地点实际上使他们丧失了人数上的优势。如果法国骑兵的全部力量都扑向英军，即使英军熟练的长弓手每分钟能射出六支箭，即使英军士兵有足够的勇气，也无法阻挡法军。

亨利的军队洗劫了法国军队的营地，夺走了死者身上所有值钱的东西，法国士兵四处逃窜。当天晚上，国王在附近的梅桑塞勒斯举行了一场宴会，由被俘的备受蒙羞的法国骑兵为他们服务。在胜利的情绪平静下来之后，疲惫的士兵们不愿再向巴黎进军，他们表达了对缺乏围城武器的担忧，然后于10月29日撤回到加来的安全地带。尽管在阿让库尔战役中赢得了胜利，但英军取得的领土却微乎其微。阿夫勒尔现在是英军掌控下的城镇了，它也将成为1417年亨利第二次入侵诺曼底的出发点。而此时勃艮第仍然拒绝与瓦卢瓦家族达成协议，因为法国的敌人越来越多了。

在英格兰，贵族对可能发生的代价高昂的冬季战役表示恐惧后，尽管取得了胜利，亨利还是乘船回到了英格兰。又经过了几次成功的作战后，亨利于1420年起草了《特鲁瓦条约》，承认他为摄政王和法国王位的继承人。阿让库尔战役的失败使法国人对短兵相接的对阵战犹豫不决，这促成了英格兰人在1416年塞纳河战役和1418年鲁昂围城战中的胜利。

亨利对法国的征服取得了成功，但战争给王国带来的财政压力也开始显现，兰开斯特的君主统治在他晚年开始终结。

国王于1422年去世，这意味着他从来没有正式成为法国国王。在他突然去世后，英格兰在欧洲大陆的命运变得更糟了。当玫瑰战争在英格兰爆发时，十几岁的国王亨利六世失去了对法国的控制。著名的阿让库尔战役的胜利已经成为过去，圣女贞德的时代和法国军事力量的回归近在咫尺。

> **英军的披甲武士们拒绝了，因为这有悖于他们的骑士精神，所以弓箭手们接受了这一任务，残忍地杀死了战俘。**

王室的策略

马修·贝内特博士探讨了国王的命令和法国人的犹豫

马修·贝内特博士在桑德赫斯特皇家军事学院担任全职高级讲师一职。他是一位研究中世纪军事的历史学家,在伦敦塔的阿让库尔600项展品的目录中对这一战役进行了描述。他的著作包括《阿让库尔:艰难的胜利》(鱼鹰出版社,1991年)和几篇关于百年战争中英军使用的射箭战术的专业研究。

1415年亨利五世的作战计划与1346年爱德华三世的克雷西战役有何不同?

毫无疑问,亨利曾祖父的成就鼓舞了他。爱德华通过瑟堡半岛入侵诺曼底,洗劫了卡昂,往巴黎北部挺进,向法国国王发起挑战。然后他向北撤退到普瓦图,并在克雷西取得了胜利。第二年,他包围了加来桥头堡港。相反,亨利在塞纳河河口的阿夫勒尔登陆,经过艰苦的围攻占领了阿夫勒尔,然后向加来进军。

这次有计划的远征在宫廷和贵族中受欢迎吗?

总的来说,在法国进行的反法战争,是军事贵族所向往的,因为它为创造荣誉、掠夺财富和土地提供了机会。理查二世不得人心的和平政策是亨利·博林布罗克1399年篡位的一个重要因素。1403年,年仅16岁的亨利在什鲁斯伯里的第一次战斗中就证明了自己的英勇,当时他被箭射中面部。作为国王,亨利五世不仅赢得了贵族的支持,还赢得了伦敦市的金融家和市长大人理查德·惠廷顿的支持,后者认为这是一笔不错的投资。

对阿夫勒尔的长期围攻是如何影响亨利的目标和计划的?

8月中旬,12000多名英军登陆,随后展开了长达一个月的围攻。阿夫勒尔城的守备部队只有区区300人,但它有很好的防御工事,有坚固的城墙和24座塔楼,朝海的一侧还有沟渠和护城河。英军用攻城火炮(包括火药和牵引炮)轰击了由木制壁垒保护的主城门。围攻战线的饮食不卫生导致了痢疾的流行,使大约2000名英格兰人死亡或丧失行动能力,而且包括其指挥官。当阿夫勒尔终于在9月18日投降时,亨利的计划似乎受到了严重的阻碍。

我们应该如何理解亨利最初打算南下到波尔多和吉耶讷的事?如果他这样做了会发生什么?

英格兰王室在阿基坦也拥有领地,所以向南进军会加强与这些古老领地的联系。然而,在作战当年才采取行动就迟了,且行动还需要大量的后勤保障。这种被称为"骑士远征"的军事冒险

可能具有象征意义，但在爱德华三世统治的最后几年里，这种性质的远征有几次灾难性的尝试。法国人已经学会了不去对抗英军，而是去骚扰他们，不给他们提供给养，所以亨利面临的风险太大了。

亨利为什么宁愿走陆路前往加来，也不愿走更安全的海路？

这确实是亨利的首席顾问们向国王提出的问题！他们担心当法军联合起来对付英军时，英军会像"羊圈里的羊"一样被捉住。答案一定是亨利在声明他的权利：在一个他声称自己有权统治的国家里，他想去哪儿就去哪儿。他也可能考虑过像爱德华当年那样，赢得对法国人的决定性战役。

英军在去阿让库尔的路上和法国人发生了什么小战役吗？如果有的话，有没有什么重要的小战役？

法国人并没有打算重新夺回阿夫勒尔，他们只是在英军出发时尾随英军的行军路线。他们封锁了索姆河的桥梁和浅滩。面对这一障碍，亨利被迫带领他的部队往东南方行进，不走直达加来的路线，而英军的补给品很快就被用完了。他确实设法越过了佩罗讷，这离他的目的地有一个星期的路程，但法国人仍然没有发动进攻。

亨利有没有考虑过减少他的损失并返回？军中发生过任何叛变或逃亡吗？

没有消息来源提供可靠答案。鉴于在阿让库尔取得的惊人胜利，任何分歧意见都可能被记录在案。有一位牧师为这场战役撰写了一份目击者报告《亨利五世的事迹》，他承认，士兵们常常感到不安和害怕。然而，国王严守纪律，执行规章制度并对劫掠者实行绞刑。此外，逃离军队并任由愤怒的法国农民摆布的风险，可能比留在军队的风险更大。

▶ 马修·贝内特博士经常讲授中世纪战争

为什么拥有强大军队和本土优势的法国人在与英军交战时如此犹豫不决？

这是个关键问题。首先，法国的战略仍然是非对抗性的。其次，他们希望挑起战斗之前把英军拖垮。再次，可能是他们实际上并没有巨大的优势。这确实是安妮·柯里教授在《阿让库尔：一段新历史》一书中的论点。她对英格兰文献记录的研究表明，这支军队可能有9000多人。相比之下，法国正处于内战当中，国王又有精神病，勃艮第和阿马尼亚克的敌对派系正处于激烈竞争。指挥官们意见严重分歧，有可能法方不是所有的部队都参加了战斗。他们拥有更多的全副武装的披甲武士，但是拙劣的作战计划使他们不能有效地利用这些优势。

在阿让库尔战役的前夕，英军处于什么样的状态？

英军带着一周的给养出发，但已经上路16天了。他们以坚果、浆果和不干净的水维持生命。安妮·柯里指出，尽管没有消息来源表明他们患有腹泻，但这似乎是可能的。弓箭手们把长筒袜（腿部覆盖物）退到膝盖。他们可能已经很虚弱了，但他们虽绝望却又同时受到了一位有魅力的领导者所鼓舞，这足以使他们赢得胜利。

《特鲁瓦条约》

《特鲁瓦条约》表面上结束了百年战争,使英格兰的亨利五世和他的继承人成为法国未来的国王

1415年8月,国王亨利五世重新恢复了英格兰持续不断的对法国王位的要求,又挑起了一系列的冲突。他的入侵和随后的军事行动以10月25日在加来以南约72千米的阿让库尔战役的辉煌胜利而达到顶点。法军被打垮,法国命运的进一步逆转迫使国王查理六世开始谈判。

1418年,勃艮第公爵和英格兰的盟友"无畏者约翰"占领了法国首都巴黎,并开始散布谣言,称目前的王位继承人是非法的。他宣称,17岁的太子查理是其母亲巴伐利亚的伊萨博、查理六世的王后,和她的妹夫奥尔良公爵路易的私生子。占领巴黎一年后,约翰被他的政治对手暗杀,不久之后,他的儿子"好人腓力"与英格兰进一步建立了正式关系,并参与了条约谈判。

这一漫长谈判的结果是在1420年5月21日双方签署了《特鲁瓦条约》。查理六世在几个

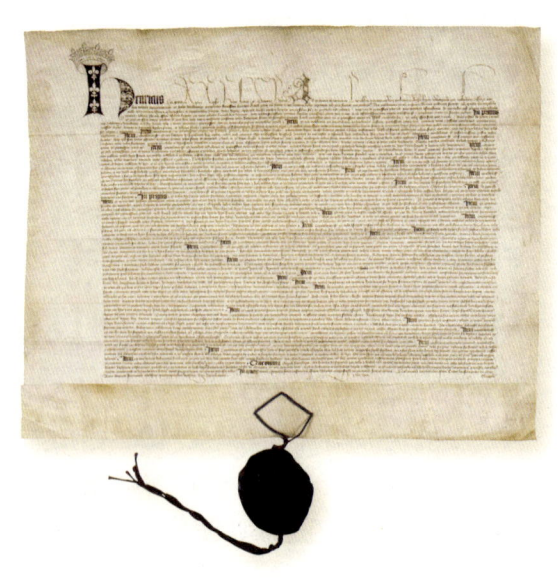

占领巴黎一年后,约翰被他的政治对手暗杀。

1435年,查理七世和勃艮第公爵"好人腓力"订立了《阿拉斯条约》,结束了勃艮第与英格兰的联盟。

▲ 这幅19世纪画家约翰·吉尔伯特爵士的作品名为《1415年10月25日,阿让库尔战役的早晨》

▲ 勃艮第公爵"好人腓力"追随他的父亲"无畏者约翰",成为英格兰早期的盟友

▲ 阿让库尔战役之后,法国国王腓力六世被迫与英格兰及其勃艮第盟友谈判

> 许多观察家认为,该条约是对法国长期利益的公然打击,也是查理六世叛国的初步证据。

▲ 圣女贞德胜利进入奥尔良城。她的英勇事迹改变了未来国王查理七世的命运

问题上让步了，其中最大的让步解决了法国王位继承权的争夺。

条约的部分内容如下："……听从我们的贵族和智者的建议，考虑这个王国的进步和荣誉，将上述王国的管理和控制公共事务的权力和职权，赋予我们的儿子亨利国王……"

亨利五世是法国国王的"儿子"，是源于《特鲁瓦条约》的其他条款。亨利五世将与查理六世的女儿瓦卢瓦的凯瑟琳结婚，他们的继承人将在亨利和查理死后继承法国王位。查理六世曾患有间歇性精神错乱，亨利作为摄政王统治法国。太子因为被指控下令刺杀"无畏者约翰"，被立刻剥夺继承权，他徒劳地希望以他的牺牲为代价来结束多年的冲突。这种所谓的"巨大的罪行"足以剥夺他的继承权。为了避免让查理六世难堪，关于他是婚外情私生子的指控被排除在剥夺继承权的讨论之外。

在亨利五世进入巴黎后的第二年，法国议会

即三级会议，批准了《特鲁瓦条约》，其条款于1423年在亚眠市再次得到确认。与此同时，太子并不打算简单地接受条约的条款，他宣布自己是查理六世的摄政王，直接反对亨利五世。当太子的声明传到巴黎时，人们的反应迅速而严厉。

1420年年末，太子被指控叛国罪和侮辱摄政权。法国法庭传唤他回应指控，他拒绝出庭，于是被立即剥夺了所有剩余的财产、土地和贵族头衔，而且被驱逐出法兰西王国。

与此同时，亨利在法国的军事行动仍在继续，《特鲁瓦条约》的条款与他的解释一致，"考虑到太子查理对法兰西王国犯下的骇人听闻的罪行，我们，我们的儿子亨利，还有我们亲爱的儿子勃艮第公爵腓力，将永远不会与这位查理王子和平或友好相处"。

两国的君主于1422年相继去世后，亨利五世和查理六世制订的最完美的计划发生了惊人的转变。当时查理53岁，实际上比亨利多活了两个月。他的政治遗产被掩埋在百年战争的混乱之中，尽管《特鲁瓦条约》赋予了两国持久和平的希望，但许多观察家认为，这是对法国长期利益的公然打击，也是查理六世叛国的初步证据。大多数法国人拒绝拥护英格兰国王。亨利五世在36岁时突然去世，很可能是在莫城围攻期间染上了痢疾。

亨利五世和瓦卢瓦的凯瑟琳于1420年6月2日结婚，1421年12月，他们唯一的孩子亨利在温莎城堡出生。亨利五世在他死前的一段时间，以还是婴儿的未来的国王亨利六世的名义，任命他的兄弟兰开斯特的约翰为摄政王。亨利五世去世后，流离失所的太子宣称自己法国王位的继承权是与生俱来的，因为巴黎被英格兰人和勃艮第人占领，他在布尔日建立了宫廷。

尽管查理的前景最初看起来黯淡，但是圣女贞德率领法军取得胜利，于1429年5月解除了奥尔良的封锁，在此之前，太子被护送到兰斯并于7月17日加冕为查理七世，自此，军事形势转向对英格兰不利。

百年战争又持续了24年，最后以查理七世的胜利而告终，《特鲁瓦条约》成为无足轻重的历史脚注。

从叛国者到胜利者

从被剥夺继承权开始，查理七世奋起恢复了法国的威望，
遏制了英格兰的影响，结束了百年战争

查理七世被称为叛国者，他拒绝承认《特鲁瓦条约》，接受继承权被剥夺。他决定于1429年加冕。从他父亲1422年去世开始，查理七世统治了法国部分领土39年。在此期间，他在卢瓦尔河以南的不同地方都拥有流动的宫廷。

1429年春天，查理七世的军事财富有所增加，他的军队在1453年取得了百年战争的最后胜利，收复了除加来港之外的所有法国领土。由于这一成就，查理七世被称为"胜利者查理"或者"称职的查理"。

或许他最大的遗憾是与他的儿子——"太子和未来的国王路易十一"——的失和，后者要求作为王室继承人拥有更大的权力，并公开反叛查理。1461年7月22日，58岁的路易在父亲死后继承了王位。

▶ 法国女英雄圣女贞德在兰斯大教堂观看国王查理七世的加冕典礼

英军占领巴黎

从1420年到1436年,英军占领了法国的首都,
这是武力征服和广泛合作的结果

15世纪的巴黎已经是世界上最大、最宏伟的城市之一。它可能是西欧最重要的金融中心,尽管法国的行政机构主要设在里昂,但巴黎是无可争议的首都。由于有巴黎大学和壮丽的巴黎圣母院,它作为一个伟大的学术和宗教中心的地位已经确立。

巴黎的防御工事也非常强大,14世纪后期,查理五世建造了30英尺高的城墙,保护了大约100000人口。然而,英军在1420年至1436年成功地占领了巴黎,他们能在这座法国城市出现,很大程度上得益于这座城市的乐于助人的市民。

英军侵入的根源在于法国政治的严重分裂。查理六世患有严重的精神疾病,这导致了"阿马尼亚克"(表面上由奥尔良公爵领导)和"勃艮第"(由勃艮第公爵"无畏者约翰"领导)两派之间的权力真空。自1418年以来,巴黎一直处于勃艮第人的控制之下,当时这座城市发生了一场血腥的起义。1419年,当阿马尼亚克人刺杀了"无畏者约翰"时,勃艮第人公开与英格兰的亨利五世结盟,亨利也已经进入了征服诺曼底的最后阶段,与勃艮第的新联盟意味着法国的王冠是他的囊中之物。

根据1420年5月签订的《特鲁瓦条约》的条款,查理六世的继承人(未来的查理七世)被剥夺了继承权,亨利五世在查理死后将成为法国国王。正是通过这一条约,亨利于12月1日以"法国摄政王"的身份在查理的支持下成功进入巴黎。尽管城市里饥荒不断,还是有成千上万的巴黎人穿着代表圣乔治颜色的红色衣服去迎接亨利。

亨利是占领军的一方,但是他很精明地意识到为英格兰统治赢得支持的关键在于合作,于是他任命亲勃艮第派的巴黎人担任要职,包括英格

▲ 1429年9月围攻巴黎的圣女贞德。进攻这座城市的失败，粉碎了她战无不胜的名声

兰驻军的上尉。

具有讽刺意味的是，亨利从未成为法国国王，他于1422年8月31日在巴黎郊外的万塞讷城堡死于痢疾，比查理六世的离世只早了六个星期。然而，他的弟弟贝德福德公爵约翰为了保住英格兰的地位，于1422年11月19日代表他还是婴儿的侄子亨利六世在巴黎正式成为法国的摄政王。

这座城市现在是英属法国的首都，它几乎囊括了半个王国，一直延伸到卢瓦尔河，亲勃艮第派的默许极大地加快了这一进程，并确保了英格兰人在法国的长期统治，而这与他们在巴黎的实际人数完全不成比例。

在被占领的巴黎城墙内，所有的官员（包括警察局局长和议会主席）都是法国人，实际的英格兰人口从未超过300人。这些人大多是占领巴士底城堡的小型守备部队的士兵，但即使在那里，当亨利五世去世时，部队也只有8名披甲武士和17名弓箭手。一位编年史家说，在巴黎的大多数英格兰士兵都是在酒馆或妓院里被找到的。

然而，英格兰人及其卫戍部队确实是直接控制了离巴黎不远的土地，以及环绕城市周围的要塞，包括万塞讷在内。蓬图瓦兹的驻军有240人，他们作为增援部队可以在很短的时间内抵达巴黎。即使是巴士底的守军也可能具有威胁性，他们的弓箭手有时会任意在大街上射箭。因此，尽管英格兰的人不多，但法国人仍然憎恨他们。对所有法国人来说，不管政治如何，英格兰的入侵总是在提醒他们，外国侵略者企图利用内战统治他们。

尽管如此，巴黎对阿马尼亚克人的敌意依然强烈，这一点在1429年的巴黎围攻中得到了证明。9月3日，一支由圣女贞德和新加冕的查理七世领导的阿马尼亚克军队突袭了这座城市，人们

▲ 1420年的巴士底狱复原图。在被占领期间,这座令人生畏的堡垒是英驻军的驻地

认为,这座城市将会敞开大门。在此之前,圣女贞德在战场上从未被击败过,但当她要求打开城门否则就准备好受死时,却被一个愤怒的巴黎弩手射中了腿部。随后,该城的炮兵对围攻的军队进行了大肆破坏,进攻于9月8日停止。这次围攻打破了圣女贞德战无不胜的神话,但值得注意的是,大部分的驻军都是当地的巴黎人,而不是英格兰人。

巴黎后来见证了亨利六世在圣母院的加冕礼,巴黎表面上保持着"英格兰的"身份,一直到1435年贝德福德去世。当时,在查理七世的领导下,阿马尼亚克处于统治地位,根据《阿拉斯条约》的条款,勃艮第公爵"好人腓力"与法国国王和解。勃艮第与英格兰的联盟如今已毫无价值,1436年4月17日,一支阿马尼亚克军队进入巴黎。英军被困在巴士底,指挥官威洛比·德·埃尔斯比男爵被迫投降。驻军支付了一大笔赎金后离开了巴黎,市民们嘲笑他们,教堂的钟声也响起以示庆祝。对于一场漫长而复杂的政治入侵来说,这是一场令人难忘的结束曲。

亨利六世的法国加冕典礼

历史上唯一的一次，一位英格兰国王在圣母院正式加冕为法国国王

英格兰占领巴黎期间最著名的事件是1431年12月亨利六世加冕为法国国王。亨利从英格兰乘船到法国时只有九岁，他在英格兰高级贵族的陪同下庄严地骑着白马进入巴黎，其中包括他的叔叔、法国摄政王贝德福德公爵约翰。

巴黎人为国王上演了一场奢华的庆典，而英格兰人并没有为了安抚法国人而组织一场真正和谐的加冕典礼，强调了法兰西和英格兰的王位在法律上的平等结合。

亨利在圣母院由温彻斯特主教而不是巴黎主教加冕，英格兰的传统占据了主导地位。法国人只赞扬了吟唱，却严厉批评了加冕宴会。据说饭菜很差，是英格兰人提前三天做的。在法国人对英格兰菜反感的一个常见例子中，有记录称，餐饮的准备"在法国人看来非常奇怪"。

亨利六世只在巴黎待了一个星期，就乘船回到英格兰，再也没有回来。

1424年贝德福德公爵约翰赢得决定性的韦尔讷伊战役的胜利后，耀武扬威地进入巴黎，"仿佛他是上帝"。

▲ 亨利六世在巴黎的加冕礼是英格兰数十年军事征服的高潮，但加冕仪式本身并没有给人留下深刻印象

决定性的战役

博热战役

英格兰人不可战胜的光环终于消失了，
他们的军队在一次鲁莽的进攻中被法国和苏格兰联军歼灭了

阿让库尔战役过去六年之后，亨利五世仍然是法国北部的统治者。法国太子，也就是未来的查理七世，绝望地向苏格兰人求助，不久苏格兰士兵们就赶到了，准备与英格兰人作战。1421年3月，亨利回到了英格兰，于是王位的继承人克拉伦斯的托马斯代替他领导了军队。克拉伦斯运用骑兵远征的突袭战术，横扫内陆，在乡间四处掠夺，几乎没有遇到任何抵抗，法国人直到月底才最终集结了一支部队进行反击。

苏格兰在百年战争中的作用

英格兰并不是海峡对岸唯一在法国作战的国家，苏格兰也想分一杯羹

博热战役是苏格兰在百年战争中对法国支持的顶峰。苏格兰人已经与英格兰人断断续续交战了几十年，从1382年起他们就积极帮助法国人，当时法国人要求苏格兰与查理六世联盟以换取装备和补给。在爱德华一世入侵苏格兰期间，法国人曾支持过苏格兰，因此两国有着一段具有共同利益的历史。这项协议被称为"友谊联盟"，而这一直是英格兰人的眼中钉。《洛林厄姆休战协定》于1389年签订，但没过多久，苏格兰人又重回战局。在博热战役之后，苏格兰人在克拉旺战役和鲱鱼战役中遭受失败。韦尔讷伊战役惨败后，他们在战争中的作用实际上也就结束了。在距巴黎以西80千米处，法（国）—苏（格兰）联军的冲锋被英格兰的长弓手击溃。

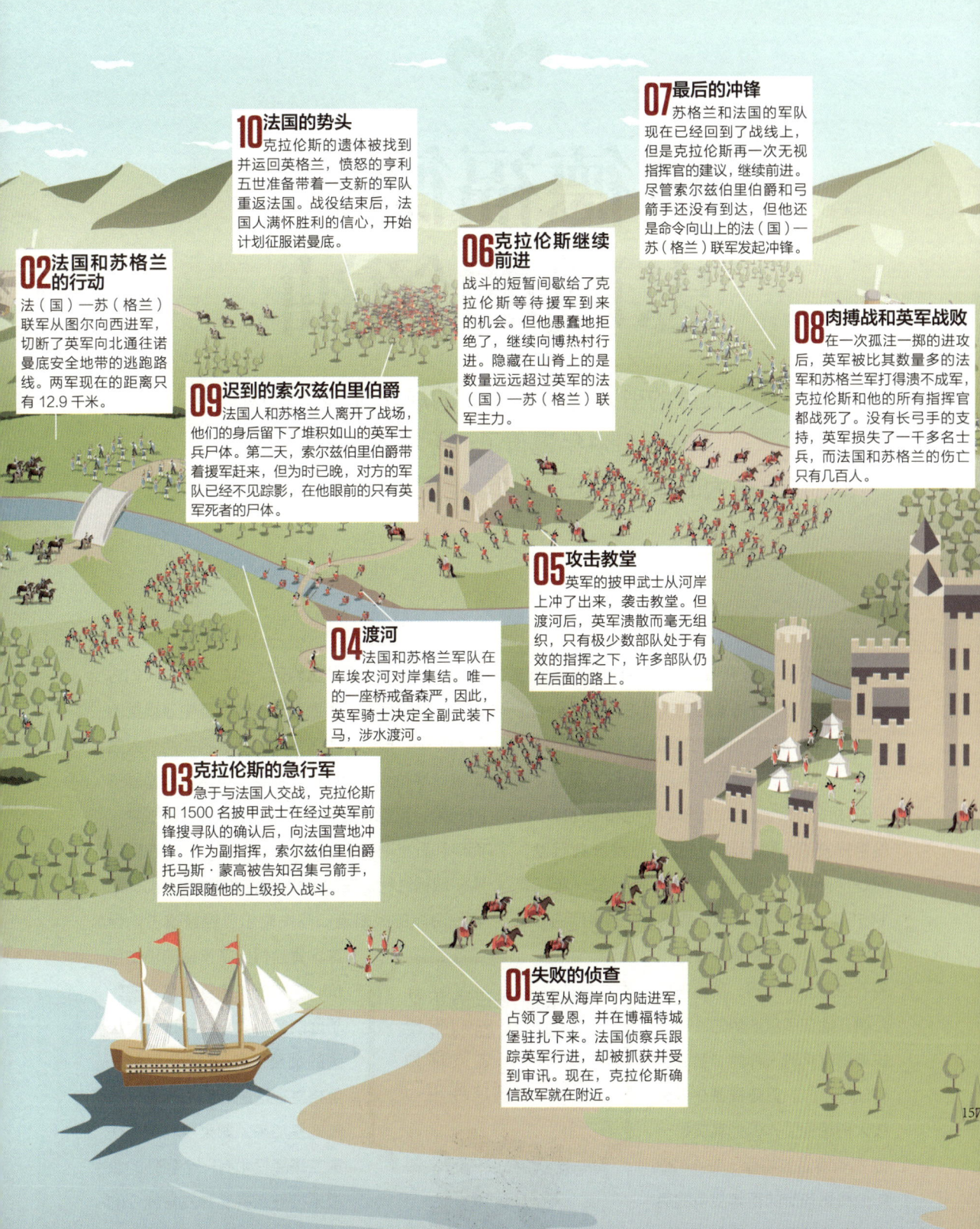

贝德福德，
忠诚的领袖

亨利五世的弟弟继续以惊人的成功征服了法国，
并在1424年赢得了一场大型战役。
然而，他最大的威胁却来自一个十几岁的农村女孩：圣女贞德

15世纪初，敌众我寡的英军在法国北部与强敌对垒。为争夺法国控制权而进行的斗争中，约有9600人准备为英格兰国王亨利战斗至死。在长弓的帮助下，英军克服重重困难，赢得了彻底的胜利。然而，此时的形势不能和阿让库尔战役相提并论。我们谈论的国王不是亨利五世，而是他两岁的儿子亨利六世，而且那一年不是1415年，而是1424年。战场是在诺曼底的韦尔讷伊镇附近，英军指挥官是亨利五世的弟弟约翰·贝德福德公爵。他在韦尔讷伊的胜利很快被同时代的人称为"第二个阿让库尔"。贝德福德在今天被人们忽视了，但他其实是一位才华横溢的将军，在1422年他哥哥死后的百年战争的后期，他成功地延续了英格兰对法国的征服。不知什么原因，他在今天被人们忘记了，尽管他的军事胜利是整个战争中最重要的胜利之一。他的一生深受当时最著名的两个人物影响：亨利五世和他的死敌圣女贞德。作为国王的兄弟，贝德福德在1415年受命执掌英格兰，而亨利五世则在法国继续他的战役，最终在阿让库尔取得胜利。在国王取得辉煌的胜利之前，诺曼底海岸的战略港口阿夫勒尔已经被攻占，但这场冒险付出了惨重的伤亡代价。亨利最大的野心是完成始于他的曾祖父爱德华三世对法国的征服。在1415年以前，英格兰在法国北部海岸唯一的基地是加来。如果亨利想要在第二场战役中有一个额外的跳板来征服诺曼底并发号施令的话，控制阿夫勒尔至关重要。

> 贝德福德在韦尔讷伊的巨大胜利很快被同时代之人称为"第二个阿让库尔"。

法国人知道这一点,并于1416年4月在热那亚船只的帮助下对阿夫勒尔进行了海上封锁。自阿让库尔战役以来英军第一次失去了主动权,一支救援舰队直到8月才得以出航。亨利无法亲自指挥战斗,因为他正在与来访的神圣罗马帝国皇帝西吉斯蒙德一世商讨结盟事宜,于是就派贝德福德去阿夫勒尔解围。表面上看贝德福德不是一个合适的指挥人选,因为他几乎没有军事经验,而且他将面对大约150只法国和热那亚的战船,并且热那亚战船是出名地可怕。尽管如此,贝德福德还是率领了一支约有一百艘船的船队前去迎战,并于8月15日在塞纳河的河口进行了一场激烈的战斗。

中世纪的海战可以像陆战一样进行。敌船会用抓钩连接在一起,形成一个巨大的、漂浮的木制战场。之前,英军曾用长弓的优势成功地在海上作战,并在1416年重复使用了这一战术。一位姓名不详的英格兰编年史作家写道:"在一次交火之后……参战者们的怒火达到了沸点。经过五六个小时漫长而艰苦的战斗,英军最终取得了胜利。"塞纳河战役是一场硬仗,因为双方都输不起。法国人的自尊心在阿让库尔战役中受到了打击,他们决心守住对英吉利海峡的控制权,而英格兰人也不想失去他们在诺曼底的立足点。

英格兰人的胜利受到称颂,并且具有重要的战略意义。虽然阿让库尔战役在战术上取得了巨大的胜利,但它并没有立即使英格兰取得百年战争的胜利,贝德福德的胜利不容忽视。如果阿夫勒尔被再次夺回,亨利将不得不从头开始他的征战,这将改变历史的进程。解围阿夫勒尔使亨利在1417年征服了诺曼底,这反过来又促成了1420年《特鲁瓦条约》的签订。这一条约确认了亨利为法国王位的继承人,并奠定了二元君主制的基础,但这一切如果没有贝德福德的胜利,都是不可能实现的。贝德福德在战斗中的表现得到了同时代人的赞扬,他们说:"在那场战役里,没有人比他更勇敢了。"西吉斯蒙德皇帝感动地对亨利说:"有这样一位国王的臣民是幸福的,但有这样一位臣民的国王更幸福。"

1422年,法国的查理六世去世,亨利五世本应继承王位,成为英格兰和法国的国王。然而,历史上最具讽刺意味的事件之一是,这位勇敢的国王在查理死前的几个月死于痢疾,留下他的儿子亨利六世继承了这两个王国。

不幸的是,新国王只有九个月大,英格兰政府把他的国土分成了两个政府。亨利五世最小的弟弟汉弗莱掌管英格兰,而贝德福德则被任命为法国摄政王。这是迄今为止最困难的任务,因为贝德福德必须继续他哥哥未完成的征服,必须面对那些视查理六世的儿子——太子——为真正法国国王的人的强烈反对。

一位维多利亚时代的历史学家说,贝德福

▲ 圣女贞德的军事胜利使查理七世得以在兰斯大教堂举行加冕典礼,这是对贝德福德的直接挑战

德"既是宰相又是总指挥,他实际上是法国的国王"。此外,贝德福德还不得不与勃艮第公爵维持着脆弱的联盟关系。对贝德福德来说,勃艮第人的支持至关重要,因为英格兰人在法国没有人数上的优势,但是由于勃艮第是一个半独立的公国,而它的公爵是个狡猾的家伙,他会根据政治气候而改变立场,这个联盟并不稳固。这意味着英军承担了大部分的对"太子派"的法军的进攻。

在贝德福德的领导下,英军在法国不断取得胜利。1423年7月,一支盎格鲁-勃艮第的军队在克拉旺击败了数量上占优势的法国—苏格兰军队,于是,贝德福德打算加强自己的军队,对法国太子发动决定性的一击。

他的计划是通过占领皮卡第和把法国军队从索姆河上的重镇赶出去来加强诺曼底的边境防守。为了实现这一目标,贝德福德包围了巴黎以西48千米的伊夫里镇,但法国人在1424年8月立即占领了诺曼边境的韦尔讷伊镇。伊夫里于8月14日投降,贝德福德急忙去夺回韦尔讷伊。城墙外的战斗为贝德福德赢得了声誉。8月17日,贝德福德带领约9600人的军队列队穿过北路。他把军队排成"阿让库尔"的队形:披甲武士在中央,著名的弓箭手在侧翼。还有一支2000名弓箭手的预备军,他们形成了一个由马车和马匹组成的防御营地来保卫辎重车队。

面对英格兰的是一支由14000—16000人组成的"法国"军队,但其中6000人是苏格兰

给胜利者战利品

尽管有圣女贞德,亨利六世还是被加冕为法国国王

人们普遍认为圣女贞德的军事胜利导致了英格兰在法国统治的瓦解。虽然从长期来看确实如此,但在15世纪30年代的初期并不明显。事实上,1431年12月26日,英格兰的亨利六世在巴黎圣母院加冕为法国国王,而就在几个月前,圣女贞德被处死。十岁的亨利六世于1429年11月6日在威斯敏斯特教堂加冕为英格兰国王。这个仪式对他的两个王国具有极深的象征意义。

亨利被宣布为"出身高贵,依法享有在英格兰和法国统治的权利"。传统上为法国国王加冕的地点是兰斯大教堂,但当时它处于敌对的法国统治下,所以巴黎是第二选择。

亨利骑着白马,在随从和贵族们的陪同下抵达巴黎,贝德福德是其中最显著的人物。他在象征地位和荣誉的华盖下骑着马,受到了穿着奢华服装的巴黎著名的主教和市民们的欢迎。巴黎也装饰了五颜六色的盾牌和雕像来庆祝亨利的到来。

在加冕仪式过程中,国王由温彻斯特的主教为其加冕,咏唱水平显然很高。但庆功宴就不能与之相提并论了,因为英方准备的食物三天前就做好了,所以是凉的。这一做法没有遵循法国由来已久的传统,因此法国人表示不赞成,一个巴黎人写道,"这在法国人看来很奇怪"。

▲ 1431年12月,亨利六世在巴黎圣母院加冕为法国国王。这可以说是贝德福德成就的顶峰

人，由道格拉斯伯爵和巴肯伯爵指挥。苏格兰人是法国强有力的盟友，几十年来一直是英格兰人的眼中钉，太子甚至任命巴肯为法国的统帅。虽然德·奥马尔子爵指挥着这支联军，但苏格兰人也有很大的影响力。对贝德福德来说，这场战斗也是他个人的战斗，因为正是这支苏格兰军队在1421年的博热战役中杀死了他的哥哥克拉伦斯公爵托马斯。

让·德·沃林——曾为英格兰人而战的勃艮第人——描述了战役期间盎格鲁—苏格兰的敌意："英格兰弓箭手和法军联盟的苏格兰人开始残忍地互相射击，他们的样子令人毛骨悚然。他们拼尽全力置对方于死地。射击后，双方激烈地互相攻击，近身肉搏。"曾在阿让库尔战斗过的沃林说，韦尔讷伊战役是一场更为激烈的战斗："毫无疑问，我从未见过比这更好的军队，有这么多贵族表现出更强烈的战斗欲望。我看到了阿让库尔的战场，但维尔纳伊尔的战场是最可怕的，也是战斗最激烈的。"他继续陈述："这场战斗持续了大约45分钟，非常可怕和血腥，任何参与其中的人都不愿回首，两个如此强大的对手在这样的时空里战斗，却不知道谁会失败，谁会胜利……"

然而，最终，英军取得了决定性胜利。与阿让库尔战役一样，弓箭手对战役的胜利发挥了一定的作用，但双方的战斗是徒手肉搏战，伤亡惨重。英军损失了1600人，而法国—苏格兰联军至少有7000人伤亡，其中绝大多数是苏格兰人，他们几乎全军覆没。

战役结束两天后，贝德福德证实："苏格兰人几乎全军覆没。"同时代的人对贝德福德的领导能力毫无异议。沃林说："贝德福德公爵那天做了件了不起的事，他挥舞斧头杀敌无数。他身材魁梧，四肢发达，聪慧又勇敢，所向披靡。"与阿让库尔不同，韦尔讷伊的战略意义更深远。这场战役摧毁了苏格兰的军队和法国人的士气，使得英军得以继续向南朝卢瓦尔河推进，并使诺曼底一直保持在英格兰人手中近30年。在韦尔讷伊战役之后的五年里，英格兰人几乎没有遭到法国人的抵抗。直到1429年，他们包围了奥尔良城，那时贝德福德才第一次听到他最著名的敌人——圣女贞德的名字。

韦尔讷伊战役

1424年8月，法国北部在一场后来被称为"第二个阿让库尔"的战役中被英格兰占领

贝德福德在1416年赢得了一场伟大的海战，但还没有在传统战场上经受住考验。1424年，法国的战争已经到了关键的阶段。亨利五世去世后，一个蹒跚学步的孩子登上两国王位，贝德福德必须在法国推进英格兰的事业，但他面对的是强大而不屈的对手。支持法国太子的人数总是超过英军人数，他们还得到了一支苏格兰军队的帮助，这支军队打算与摄政王决一死战。贝德福德即将面临他最大的挑战。

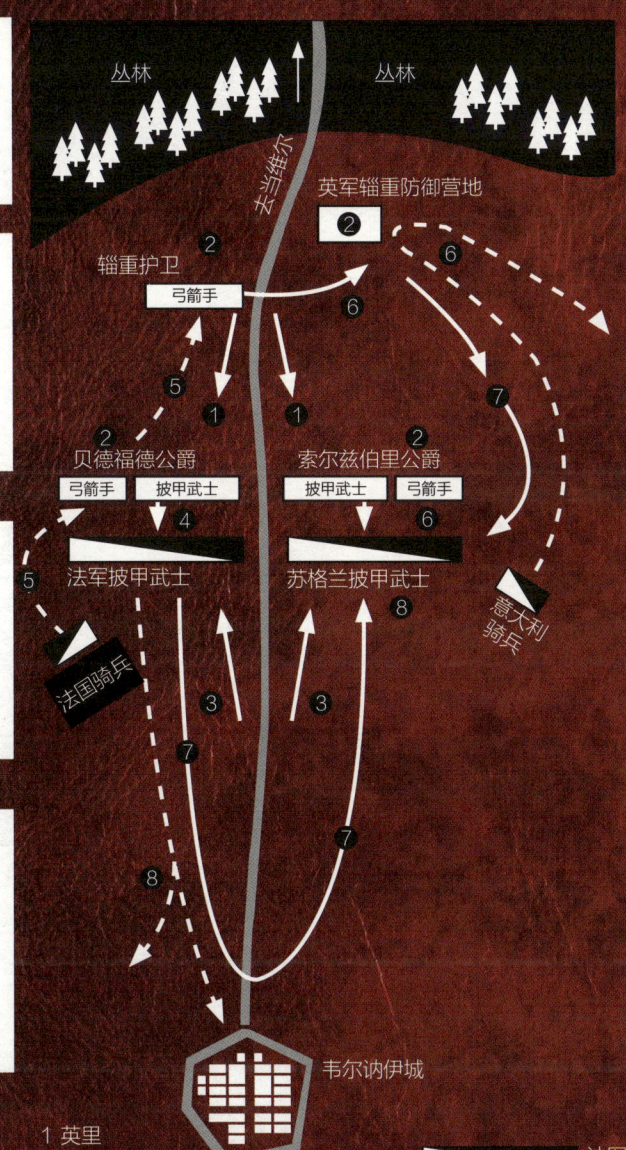

▲ 1424年的韦尔讷伊战役是百年战争中最具决定性的冲突之一，被称为"第二个阿让库尔"

01 贝德福德靠近
8月17日黎明时分，贝德福德集结了9600人的军队，从诺曼底东北部的当维尔出发，穿过森林，到达韦尔讷伊镇前的一片平原上。

02 英军准备
贝德福德把他的下马披甲武士们布置在中心，把弓箭手布置在两翼。贝德福德指挥右翼军队，索尔兹伯里伯爵指挥左翼军队。英军还有两个预备队，2000名马上弓箭手和一个单独的方队、辎重车队。

03 法军和苏格兰军准备
由14000—16000人组成的法（国）—苏（格兰）联军由两个方阵组成，一个是由弓箭手组成的披甲武士，另一个是保护两翼的骑兵。德·奥马尔子爵指挥左翼，而巴肯伯爵和道格拉斯伯爵指挥右翼的6000名苏格兰人。

04 威胁、欺诈与前进
苏格兰人告诉英军士兵，他们会毫不留情，但双方都不会在炎炎烈日下连续进攻数小时。大约下午4点，贝德福德命令前进。英军高喊："圣·乔治！贝德福德！"然后，缓慢地向前行进，同时一队弓箭手在尘土飞扬的地面上锤击着防御的土桩。

05 骑兵冲锋和激烈的搏斗
法国骑兵从贝德福德的右翼穿过弓箭手，向前冲锋，最后被后备军的弓箭手拦住。许多英军士兵逃跑了，贝德福德其余的军队在激烈的肉搏战中也被分开了，但贝德福德一直处在战斗最激烈的位置。

06 意大利人抢劫英军的防御营地
在英军左翼，索尔兹伯里伯爵与苏格兰人展开了激烈的战斗。与此同时，600名意大利骑兵从他身边疾驰而过，洗劫防御营地，开始抢夺辎重。英军预备队击退了法军的骑兵，然后又击退了防御营地的意大利人。

07 英军重新集结并再次冲锋
精力充沛的英格兰预备队发起冲锋去帮助索尔兹伯里，大声吼叫着冲进苏格兰军的侧翼。与此同时，成功击退法军左翼的贝德福德重组了自己的方阵，向苏格兰军后方冲锋，并在此过程中击败了他们。

08 复仇的杀戮
苏格兰人几乎悉数被杀。法国人带着死者逃离战场，其中包括奥马尔子爵和纳博讷子爵。拉斐特元帅和阿朗松公爵让二世在被俘之列，英军大获全胜。

▲ 圣女贞德坚持信仰的决心和献身精神使她成为历史上著名的人物

传说的背后：
圣女贞德

这个帮助法国打败英格兰人的农村女孩被视为圣人和解放者，但她也是强大的政治游戏中的一枚棋子

1429年2月12日，在百年战争最激烈的时候，一支给围困奥尔良市的英军运送补给的护卫队遭到了攻击。当效忠于法国王储的多达4000人的强大部队聚集在他们周围时，英军利用马车形成一个防御阵型，一波又一波的箭矢射向前进的法国人。

　　到战斗结束时，已有400多名法国人和他们的苏格兰盟友阵亡。英军只损失了四名战士。这次大屠杀被证明是太子争夺法国王位斗争的最低谷。然而，仅仅三周后，一小群武装人员风尘仆仆地赶到了希农以南160千米外的太子的大城堡。其中有一个17岁的农家女孩，留着短发，打扮得像个男子。女孩说她有话要对太子说，得到面见这位未来国王的机会时，她向他的宫廷宣布，上帝派她来拯救法国，她要看着他加冕为国王，她说她的名字是圣女贞德。

　　要了解历史上最具代表性的人物之一的非凡故事，首先有必要了解她所生活的世界与我们的现代社会有多么不同。中世纪欧洲的土地上遍布城堡、大教堂和城墙环绕的城市。由于对自然世界缺乏了解，人们认为女巫、恶魔和天使都是真实存在的，而宗教思想家们则在哲学和意识形态上占主导地位。

　　在那个时代，"厌女观"也很普遍，女性面临着各种限制，不仅可以拥有的财产受到限制，如何生活也受到法律和习俗的限制。甚至女人穿男人的衣服也被认为是上帝所憎恶的。贞德在1429年3月6日面对太子讲话时，正是穿着男装的。几个星期前，当她从沃库勒尔镇出发前往希农时，她选择了这种着装。那里的守军上尉给了她这些东西——还有一匹马和一名武装护卫——作为掩饰她身份的一种方法，因为贞德作为一个潜在的先知的名声已经开始在法国传播了。

　　1412年，贞德出生在巴黎东北250千米处的栋雷米村。那时，法国的土地已经被战争撕扯蹂躏了数十年。自1337年以来，英法两国在百年战争中一直在争夺对法国的控制权。1415年，贞德年仅三岁时，法国人在阿让库尔战役中被亨利五世领导的英军打得一败涂地。

　　尽管当时法军的人数远远超过英军，但他们的贵族骑士在泥泞的战场上陷入困境，被亨利的弓箭手歼灭，法军被击败。当然，当时对这场战争的解释并非如此。这是中世纪的欧洲，上帝的意志与日常生活有着固有的联系，英格兰国王声称神的干预帮助他取得了如此不可能的胜利，法国人则把他们的失败归结为他们受到了上帝的惩罚。法国不仅是一个与英格兰处于战争状态的国家，也是一个处于内战状态的国家。国王查理六世已陷入疯癫状态，无法执政。这造成了权力真空，催生了两个派别——勃艮第派和效忠派阿马尼亚克——争夺国家的控制权。

　　这场竞争如此激烈，以至于在阿让库尔战役的五年之后，勃艮第的领袖勃艮第公爵甚至站在了英格兰这一边，与他们签署了一项协议，反对现在由查理六世的儿子、法定继承人太子领导的阿马尼亚克派。于是内战爆发了。在接下来的八年里，阿马尼亚克派屡败屡战，直到太子的军队被逼退到卢瓦尔河（这条河几乎横贯整个法

法国不仅是一个与英格兰处于战争状态的国家，也是一个处于内战状态的国家。

▼ 太子很可能利用贞德来达到自己的政治目的,以鼓舞军队士气

▲ 贞德被捕

国）。这个国家现在基本上一分为二——英格兰和勃艮第人控制了北方地区（包括巴黎），阿马尼亚克人控制了南方地区。

贞德13岁的时候，她所在的法国东北部的村庄已经是前线了，栋雷米变成了一个被勃艮第和英格兰领土包围的阿马尼亚克的前哨。这个村庄遭到袭击，贞德的家人一度成为难民。因此，在这段令人深感不安的时间里，有可能受到精神创伤的贞德声称她第一次听到了自己头脑里的声音，这也许就不足为奇了。现代心理学家将此归结为一种人格障碍，但由于她所处时代的基督教信仰，贞德推断这些声音一定是来自上帝的信息。这种信仰在15世纪的欧洲并不罕见。事实上，在她的一生中，法国有几十个所谓的宗教预言家，他们也声称与万能的上帝有直接的联系。然而，正是这些声音告诉贞德要去做的事情而使她引人注目。"去太子那儿，"这些声音反复出现，"他会给你一支军队，你就可以把英格兰人从法国海岸赶走!"

从逻辑上讲,这似乎是一个不可能的命题。贞德是一位年轻、贫穷的女性。毫不奇怪,她一开始试图和太子说话都被拒绝了。但在1429年2月的大屠杀之后,太子似乎已经绝望到要尝试任何事情,于是派人去找她。像他那个时代所有的统治者一样,太子坚信上帝已经赋予了他权力,他有义务在他周围的世界寻找上帝的意志——即使是通过一个农村女孩的胡言乱语。他可能也觉察到了潜在的宣传攻势即将到来。

贞德被太子手下最好的神学家们审问了三个星期。这些人相信上帝不会让女人成为士兵,更不用说带领军队了,但是她完全相信那些声音所告诉她的,以至于他们无法确定她究竟是上帝的使者,还是魔鬼的使者。为了避免陷入困境,他们宣称,他们确实需要一个"信号"——

异端罪

出于政治动机,对贞德的审判被蓄意操纵,以公开败坏她的名声,打击士气

对贞德的审判始于1431年年初。她每天都被带离牢房,接受由43名法官组成的陪审团的详细审查,其中包括她的主要审讯者,一位名叫皮埃尔·科雄的勃艮第主教。第四天,贞德透露,当她13岁第一次听到天国的声音时,她也曾在幻象中见到过圣·米迦勒和一群天使。

这正是科雄想听的故事。教会承认人类可以看见天使和魔鬼,但他们认为天使是属于天国的,所以他们没有什么身体特征。这是一种没有受过教育的贞德所不知道的神学的通神专门技术细节。在科雄的提示下,她继续更详细地透露她脑中的幻象,试图让陪审团相信她说的是实话。然而,当贞德声称在第一次拜访太子并要求领导一支军队时,她经历了第二次幻象,她的命运最终被决定了。她说,那天又来了一群天使,其中一位拿着一顶金色的王冠,这是上帝的象征,表明法兰西王国必须被归还给它合法的继承人。

科雄总结道,因为没有一个天使可以携带任何东西,所以幻象一定是魔鬼的杰作。贞德被判犯有异端罪,并要求她忏悔她的罪恶,不然就要被活活烧死。惊恐万状的贞德在一份她看不懂的供词上画了押,她被判处无期徒刑。

然而,四天后,她收回了她的供词,并向科雄透露,那个拿着王冠的天使实际上就是她自己。"我答应过我的国王,如果他让我去做,"她解释道,"我就会看到他戴上王冠。"这还不足以挽救她。贞德于1431年5月30日被烧死,当时她只有19岁。

▲ 审讯贞德的主教皮埃尔·科雄死后被逐出教会,因为他参与了对贞德的审判

▲ 贞德要求神职人员在她被处死时在她面前放一个十字架

历史上的女战士

女战士自古以来就经常出现在战场上
——只是没有太多关于她们的报道

卡里亚的阿尔泰米西娅
公元前5世纪，哈利卡那苏斯（现代的土耳其）女王作为波斯国王薛西斯的盟友进行战斗，在阿提米西恩战役中指挥了五艘船。古希腊历史学家希罗多德曾描写过她的英雄气概、冷酷无情和战略智慧。

布狄卡女王
公元60年左右，英格兰爱西尼部落的女王布狄卡在军团士兵强奸了她的女儿后，领导了一场反抗罗马人的起义。据报道，为了报复，她带领了一支庞大的军队，屠杀了80000人。

芝诺比阿
250—275年，这位帕米拉帝国的勇士女王统治着叙利亚。她率领军队对抗克劳狄二世统治下的罗马帝国，成功将罗马军团赶出了小亚细亚。

中野竹子
作为一名女武士，中野在戊辰冲突（1868—1869）中英勇作战。不幸的是，她在领导一支女子部队对抗日本军队的战役中牺牲。

莉迪亚·利特维亚克
这位"二战"时期的苏联王牌战士是第一位击落敌机的女性。莉迪亚还保持着女飞行员杀敌数量最多的记录（12次单飞行动，4次共飞行动）。

他们的意思是借口。当他们问贞德，她打算如何突破被围困的奥尔良去看太子在兰斯大教堂加冕时，他们得到了他们想要的答案。"给我一支军队，"贞德自信地对他们说，"我自己就能突破包围"。

这些神学家告诉太子，贞德是令人信服的，她甚至可能是货真价实的，但要先为她配备一支军队去奥尔良。如果他们成功突破了围城，那么她就确实是神的信使，预示着事情将开始朝着有利于太子的方向发展。如果他们失败了，那么贞德实际上是魔鬼派来的。于是太子掷了骰子。然后他下令为她量身定做一套特殊的盔甲，并配上一面白色的丝绸旗帜，上面画着基督，两侧伴有天使。这将使她在战斗中显得突出，让所有人都能看到。如果上帝真的支持自己的事业，太子希望他的敌人和支持者们都能看到（指上帝派贞德来帮助他）。

贞德于1429年4月29日到达奥尔良。那里的英军没有足够的兵力有效地包围这座城市，于是贞德设法从他们的防线溜进了东边的城堡。当地人将她视为救世主。5月4日，她的其他军队也抵达该市，奥尔良之战可以开始了。

下午的早些时候，贞德骑着马，向东线薄弱的英军阵地的最前线冲去。经过激烈的战斗，英军很快就被打垮了。那天晚上，不会写字的贞德口述了一封信，要求英军投降，并警告说如果他们拒绝，后果将不堪设想。这封信被系在一支箭上，射进了英军阵线。然而，英军没有理会她的警告，于是在接下来的四天里，杀戮继续。

当时，奥尔良是一座有城墙的城市，坐落在卢瓦尔河的北岸，有一座桥与南岸相连，桥的尽头是一座叫作图瑞尔的要塞。在围城的最初几天，英军占领了图瑞尔，但没能占领桥的北侧，战事因此陷入了僵局。然而，如果法国人能够夺回图瑞尔，他们就能突破英军的包围。因此，

▲ 奥尔良围攻被认为是太子对抗英格兰的转折点

经过七个月的围困,贞德在四天之内就解放了奥尔良。她的支持者们称,这就是上帝派她来的证据。

▲ 一幅圣女贞德于1429年进入奥尔良的版画

5月7日黎明时分，贞德再次召集士气低落的法军，并敦促他们跟随她。城门又一次打开了，她骑着马，挥动着白旗，飞奔向前。军队受到她的鼓舞，开始追随她。几个小时后，法军已经一路战斗绕到了图瑞尔。

当枪林弹雨从这座堡垒的墙上落下时，法军搬来梯子，贞德在前面率军爬梯攻城，途中一支箭穿过了她盔甲上的一个薄弱处。这支箭显然射穿了她的肩膀，当她被抬出战场时，许多人认为她受了致命伤。但箭伤并不是致命的，把伤口包扎好之后，热情高涨的贞德又回到了战场。她再次出现在战场，极大地鼓舞了法军士气，使得法国人在日落前赢得了一场著名的胜利。

七个月的围攻之后，贞德在四天之内就解放了奥尔良。她的支持者们声称，这就是上帝派她来的证据，她奇迹般胜利的消息开始四处传播。获胜后贞德的信念比以往任何时候都更加坚定。奥尔良是她的考验，胜利是她的信号。现在是时候实现她真正的目标了——为太子加冕，把英格兰人永远赶出法国。

几个世纪以来，法国国王都是在兰斯大教堂加冕的，这座教堂位于奥尔良以北160千米处，在英格兰控制的法国领土的深处。太子召集了他所能召集的最强大的军队，在圣女贞德的陪伴下向北进发。他们最近的胜利和圣女贞德的出现（贞德现在被称为奥尔良少女）鼓舞了太子的军队向北挺进，击败了所有反对他们的敌人。

通常，加冕仪式需要几个月的准备时间，但这是非常特殊的时期，时间宝贵。让太子尽快加冕是一种紧急的政治权宜之计，经过朝臣们通宵达旦的安排，太子在进城的第二天早晨就加

▲ 乔治·威廉·乔伊的这幅画描绘了在监狱里睡着的贞德，被一个天使守护着

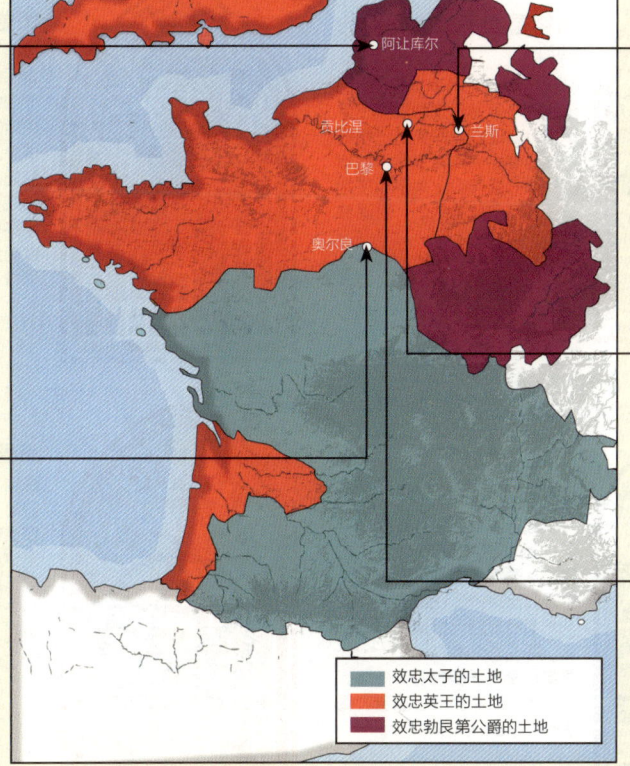

贞德在世时的法国

阿让库尔战役
1415 年
英王亨利五世取得了巨大的胜利,为后来的百年战争奠定了基础,这场战争最终在 1453 年结束。法国的惨败让英格兰人占据了统治地位,而法国则四分五裂。

奥尔良围攻
1428—1429 年
这是阿马尼亚克战争的转折点。圣女贞德的出现帮助法国人打败了英军,解除了围困。其意义在于,它对法国的士气产生了深远影响,尽管对当时的政治局势没有产生影响。

夺取兰斯
1429 年
7 月 16 日,贞德率领太子的军队进入这座古城。第二天早晨,法兰西王国的法定继承人加冕为国王,确认了他继承法国王位的合法性。

贡比涅围攻
在六个月的休战之后,阿马尼亚克城遭到诺曼底公爵的进攻,战争再次爆发。贞德带领一小支部队去解放它,却再次在战斗中失败并被俘。

1430 年巴黎围攻
贞德夺取首都的灾难性尝试以失败告终,新国王的 1000 多名士兵牺牲,500 多名士兵负伤,一无所获。这标志着贞德对法国王室已经没有作用了。

- 效忠太子的土地
- 效忠英王的土地
- 效忠勃艮第公爵的土地

冕了。四个月前,太子的事业似乎处于崩溃的边缘,但现在,多亏了贞德,他加冕为法国国王查理七世。

现在,贞德的目标是在新君主的统治下统一国家,但是对勃艮第人的诉求遭到了拒绝。他们宣誓效忠英格兰国王,因此内战将继续与驱逐英格兰入侵者的斗争同时进行。贞德希望通过占领首都来给这两个敌人以致命打击。然而,事实证明,与解放奥尔良相比,巴黎之战将是一个更大的挑战。

巴黎是西欧最坚固的城市。其城墙高耸,环绕着塔楼和巨大的护城河,而英格兰和勃艮第军队则用大炮和弓箭手守卫城墙。然后还要考虑当地人。与奥尔良人不同的是,巴黎的人口多达 280000,他们对阿马尼亚克人非常敌对,所以也不可能指望从内部发动起义。

然而,确信自己是万能之神代理人的贞德却拒绝承认攻打巴黎实际上是一次自杀式的任务——尽管她没有什么胜算。具有象征意义的是,她选择了 9 月 8 日——圣母诞生的神圣节日——作为进攻的日期。

贞德骑着战马冲锋在前,所有人都能看到她的白色丝绸旗子在她身旁飘扬。与此同时,国王的军队蜂拥冲向巴黎的城墙,箭和炮弹从上方倾泻而下。经过数小时不顾一切的尝试攻破城墙后,贞德再次受伤,一支十字弓弩箭撕裂了她的

贞德的传说

四种传说呈现了奥尔良少女的真实身份

贞德是太子同父异母的妹妹

1819年，法国作家皮埃尔·凯泽声称贞德是巴伐利亚女王伊萨博（查理六世的妻子）和奥尔良公爵路易的私生女。他指控的依据是什么？太子给了她一把佩带着盾徽的剑，凯泽称其为"私生子之棒"。

事实：这是一个有趣的理论，但极不可能。路易公爵在贞德被推断出生的五年前就去世了。

贞德幸存下来了

贞德被处决后，许多冒名顶替者假扮成她。其中最成功的是一位名叫克劳德·德斯·阿莫伊斯的女性冒险家和士兵。她很令人信服，甚至骗过了贞德的兄弟们。多年来，她一直在伪装，接受崇拜者们的厚礼。

事实：查理七世在1440年见过克劳德后，就把她当作冒名顶替者而不予理睬。

贞德的遗物被保存了下来

一块烧焦的骨头碎片陈列在希农的圣女贞德博物馆里，据称是从圣女贞德死刑的火葬堆中抢救出来的。在纽约大都会艺术博物馆还可以看到一只头盔，据说是贞德的。

事实：没有证据表明头盔与贞德有关，而法医分析显示，骨头碎片来自一具埃及木乃伊！

贞德是个女巫

直到1921年，人类学家玛格丽特·默里还认为宗教当局指控贞德使用巫术是正确的。她坚称贞德是一个崇拜异教徒女猎手戴安娜的邪教领袖，并挑战天主教教会的权力。

事实：所有的证据都表明，贞德信仰的是基督教。在默里发表她的理论的前一年，贞德被提升为圣徒。

大腿。但她还算幸运，她身旁那个手持旗子的人被一箭射中面部而死。贞德被抬出战场，撤退的号角响起。超过1500名国王的士兵在这次袭击中伤亡。贞德热切地希望第二天早晨再次发动进攻，但是国王担心他会失去所有的军队，禁止了她的进攻。

国王决定下一步采取外交手段而非军事行动，并于1429年年底宣布了为期六个月的休战。贞德劝告他不要这么做，并坚持说武装斗争是上帝的旨意——这一论点使一些朝臣给国王进言，说贞德坚持继续战斗的决心已使她成了一种累赘。国王似乎倾向于这种说法，不再有用的贞德逐渐失宠了。

1430年春，战火重燃，勃艮第公爵进攻了巴黎北部的阿马尼亚克小镇贡比涅。尽管贞德不再得到国王的明确支持，但她还是和一群忠诚的追随者们骑马来到这个小镇，打算赶走勃艮第人。他们是5月22日晚上到达的，第二天早晨贞德最后一次穿上她的盔甲。她骑上马，举着那面著名的旗子，带领自己的一小队战士投入战斗，袭击了驻扎在城外的勃艮第军队。但她的军队寡不敌众，很快就被打败了。当勃艮第的军队在她周围集结时，她被一名弓箭手从马上拉了下来，很快成了全法国最有价值的政治犯。

1456年，战争结束三年后，在教皇卡利克斯特三世授权的再审中，贞德被宣告无罪。

▲ 贞德勇敢地面对厌女观和偏见，带领法国人走向胜利

她被一名弓箭手从马上拉下来……很快就发现自己成了法国最有价值的政治犯。

贞德曾被阿马尼亚克人当作一种强有力的宣传工具，用来激励士气低落的军队。然而，在巴黎战役惨败之后，她对国王的用处打了折扣。她的被捕，将有利于国王的敌人，他们试图利用这个18岁的农家女孩达到自己的目的。毕竟，如果他们能证明贞德是一个骗子，或者——甚至更好地证明——她是一个撒旦派来的异教徒，他们就能耗尽奥尔良少女周围的力量，让阿马尼亚克军队的士气重新跌入一年前的黑暗和绝望之中。

少女贞德

历史学家朱丽叶·巴克揭示了贞德是如何被英法两国利用和虐待的

中世纪时期的人们声称他们与上帝沟通的情况有多普遍？

圣女贞德是众多号称亲身经历了神的启示的圣女中的一员（她们通常是女性），她们声称自己亲身经历了神的启示。自14世纪中叶以来，提出这类主张的平民信徒数量一直在增加，他们必须被认真对待，因为他们挑战了教会作为世界上唯一的上帝话语的解释者的权威，并引发了民众的不安。

贞德是被带到法国国王面前向他传达神圣信息的至少三位女性预言者之一。这三位同时代的人因为同样的理由而被判为异端，其中两人认罪，还有一个像贞德一样，拒绝这样做而被绑在火刑柱上烧死。

是什么使贞德从当时自称"先知"（比如牧羊人威廉）的人中脱颖而出的？

贞德对她的使命的神圣起源有着绝对的信仰，并完全相信她听到的声音是真实的，这使她成为一个令人信服的、无畏的和有魅力的领导人物，尤其是在一个分裂的国家。在她到来之前，他们一直相信上帝是站在英格兰一边的。然而，她在朝廷上也有强大的资助者（包括阿拉贡的约兰德，太子的岳母），他们把她塑造成来自洛雷恩的预言少女的形象，她将恢复法国昔日的辉煌；他们为她提供了男性盔甲和所谓的查理曼大帝的祖父的剑，并且说服太子接受她作为试图恢复他的王国的名誉领袖。她很快就发现，当她开始输掉战斗成为一个负担时，没有了他们的支持，她就像其他普通的空想家和预言家一样毫无作用。

人们对贞德的死有什么反应？

我们不知道她带领的普通士兵们是如何对待她的，但是她为之奋斗使之加冕的太子查理七世，一次也没有出手营救过她，也没有再提起她。20年后，推翻她作为异教徒的定罪势在必行。她以前的支持者们找到了另一个被认为是先知的"牧羊人威廉"来代替她。只有奥尔良，这个她从英格兰围城中拯救出来的城市，其人们才会铭记她，并在接下来的几十年里每年都举行庆祝活动来纪念她。

贞德对扭转法国的军事命运负有怎样的责任？

作为洛雷恩的预言少女，贞德给军队带来了希望。但事实是，在很大程度上，她只是一个名誉领袖，而不是一个将军。是经验丰富的军事指挥官们赢得了帕泰战役和兰斯战役；他们把她排除在决策之外，当她试图在没有他们支持的情况下围攻巴黎时，她失败了。人们常常忘记的是，在她死后的20年里，英格兰人继续统治法国北部的大部分地区。

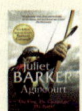

朱丽叶·巴克写了大量关于百年战争和中世纪的著作，包括《阿让库尔：国王、作战、战役》、《征服：法兰西的英格兰王国1417-1450》和《英格兰崛起：人民、国王和1381年大起义》

决定性的战役
福尔米尼 & 卡斯蒂永

在百年战争的最后阶段,法国人的决心和军事优势
把英格兰人从诺曼底和加斯科涅驱逐出去

文 / 威廉·E. 威尔士

1449年3月24日,一支马上披甲武士部队带着复仇的使命横扫布列塔尼东部的富热尔镇。在英格兰军需官的命令下,臭名昭著的雇佣兵队长弗朗索瓦·德·苏里烯带领士兵去掠夺这座城市,并无限期地占领它,目的是恐吓布列塔尼的弗朗索瓦一世。弗朗索瓦一世是一位公爵,最近在他叔叔亚瑟·德·里什蒙统帅的命令下与法国王室结盟。英军的这次攻击也是为了报复一年前曼恩郡被法国占领。

突袭的想法是英格兰人在法国的财富迅速减少的时候产生的。15世纪前20年,随着亨利五世国王和他的兄弟贝德福德公爵约翰的胜利,卢瓦尔河以北的英军被迫在广阔的战线上进行防守。

英格兰人需要时间重组,1444年,英格兰国王亨利六世和法国国王查理七世之间的《图尔停战协议》为英格兰人提供了一次喘息的机会。该协议要求停止敌对行动,为期两年,如果各方同意,停战可以延长。

作为停战协议的一部分,亨利和他的主要顾问萨福克公爵威廉·德·拉·波尔同意将位于法国中西部的曼恩郡归还给查理——但这一让步必须保密,因为这将激怒英格兰人。事实上,英格兰在法国的军事领导人拒绝交出这个郡,因此查

这一外交提议失败后,查理对诺曼底发起了三重进攻。

▼ 约翰·塔尔博特率领他的部队在对法国野战堡垒卡斯蒂永的主要进攻中失败

1450年6月卡昂被围困时,一枚来自法国的炮弹落入萨默塞特公爵一家居住的房屋,公爵投降了。

福尔米尼战役

法国援军扭转了决定诺曼底命运的局势

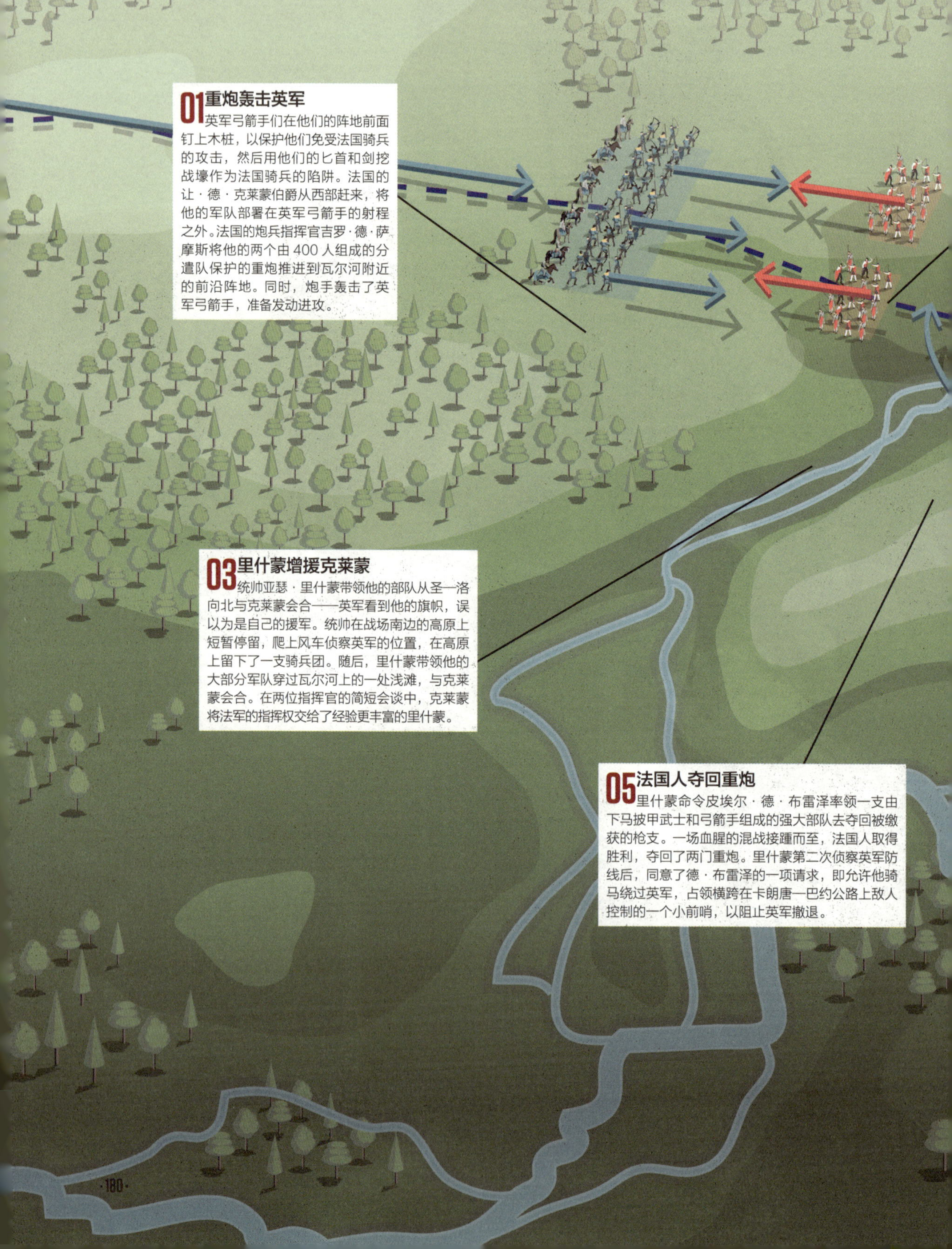

01 重炮轰击英军
英军弓箭手们在他们的阵地前面钉上木桩,以保护他们免受法国骑兵的攻击,然后用他们的匕首和剑挖战壕作为法国骑兵的陷阱。法国的让·德·克莱蒙伯爵从西部赶来,将他的军队部署在英军弓箭手的射程之外。法国的炮兵指挥官吉罗·德·萨摩斯将他的两个由400人组成的分遣队保护的重炮推进到瓦尔河附近的前沿阵地。同时,炮手轰击了英军弓箭手,准备发动进攻。

03 里什蒙增援克莱蒙
统帅亚瑟·里什蒙带领他的部队从圣—洛向北与克莱蒙会合——英军看到他的旗帜,误以为是自己的援军。统帅在战场南边的高原上短暂停留,爬上风车侦察英军的位置,在高原上留下了一支骑兵团。随后,里什蒙带领他的大部分军队穿过瓦尔河上的一处浅滩,与克莱蒙会合。在两位指挥官的简短会谈中,克莱蒙将法军的指挥权交给了经验更丰富的里什蒙。

05 法国人夺回重炮
里什蒙命令皮埃尔·德·布雷泽率领一支由下马披甲武士和弓箭手组成的强大部队去夺回被缴获的枪支。一场血腥的混战接踵而至,法国人取得胜利,夺回了两门重炮。里什蒙第二次侦察英军防线后,同意了德·布雷泽的一项请求,即允许他骑马绕过英军,占领横跨在卡朗唐—巴约公路上敌人控制的一个小前哨,以阻止英军撤退。

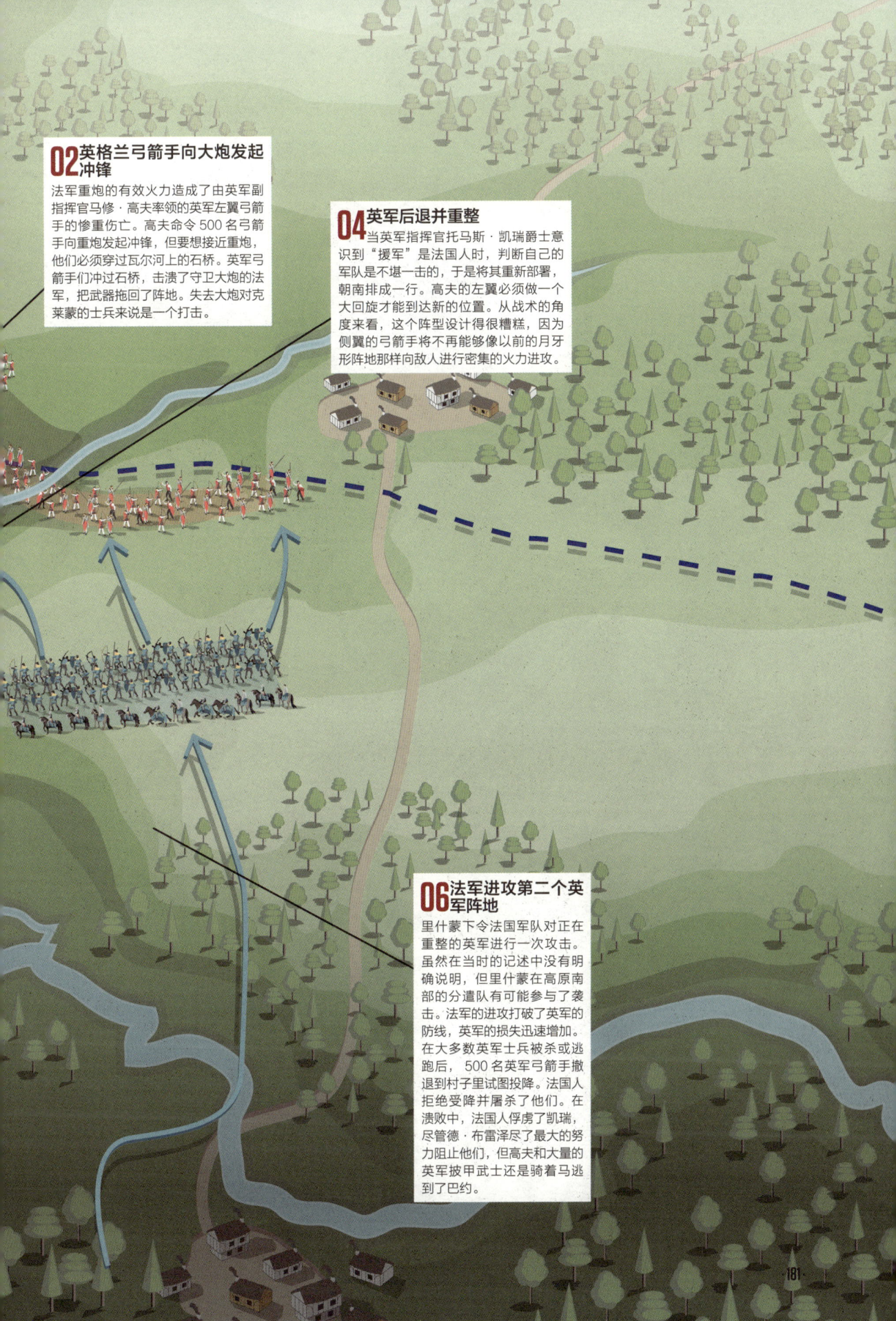

02 英格兰弓箭手向大炮发起冲锋

法军重炮的有效火力造成了由英军副指挥官马修·高夫率领的英军左翼弓箭手的惨重伤亡。高夫命令500名弓箭手向重炮发起冲锋,但要想接近重炮,他们必须穿过瓦尔河上的石桥。英军弓箭手们冲过石桥,击溃了守卫大炮的法军,把武器拖回了阵地。失去大炮对克莱蒙的士兵来说是一个打击。

04 英军后退并重整

当英军指挥官托马斯·凯瑞爵士意识到"援军"是法国人时,判断自己的军队是不堪一击的,于是将其重新部署,朝南排成一行。高夫的左翼必须做一个大回旋才能到达新的位置。从战术的角度来看,这个阵型设计得很糟糕,因为侧翼的弓箭手将不再能够像以前的月牙形阵地那样向敌人进行密集的火力进攻。

06 法军进攻第二个英军阵地

里什蒙下令法国军队对正在重整的英军进行一次攻击。虽然在当时的记述中没有明确说明,但里什蒙在高原南部的分遣队有可能参与了袭击。法军的进攻打破了英军的防线,英军的损失迅速增加。在大多数英军士兵被杀或逃跑后,500名英军弓箭手撤退到村子里试图投降。法国人拒绝受降并屠杀了他们。在溃败中,法国人俘虏了凯瑞,尽管德·布雷泽尽了最大的努力阻止他们,但高夫和大量的英军披甲武士还是骑着马逃到了巴约。

▲ 在卡斯蒂永计划不周的英军进攻中,约翰·塔尔博特从马鞍上跌落,他的旗帜倒在了地上

理被迫在1448年2月用武力夺取了它。

第二年，当查理抱怨对富尔热的入侵时，英格兰人简短地回答说，他们完全有权利占领这座城镇，因为布列塔尼是英格兰王室的封地。外交提议失败后，查理于1449年7月对诺曼底发起了三重进攻。

在下诺曼底，亚瑟·德·里什蒙得以夺回富尔热并征服了科唐坦半岛的大部分据点。与此同时，法国皇家军队包围了鲁昂，迫使萨默塞特公爵和中尉埃德蒙·博福特撤退到卡昂。萨默塞特向萨福克郡请求军队坚守下诺曼底，并派托马斯·凯瑞爵士前往。

1450年3月15日，凯瑞率领一支由3225人组成的远征军在瑟堡登陆。他得到的命令是立即进发去解救卡昂，但在东南方向19千米处的瓦洛涅，一支法国驻军拦截了最近的路线。凯瑞认为他需要比现有更多的兵力来驱逐法军，于是请求萨默塞特派他所能派来的任何部队来帮助他。萨默塞特设法从卡昂、巴约和维尔的驻军中拼凑了1800人，去援助凯瑞。

瓦洛涅的围攻给了法国人充足的时间来集结军队对抗远征军。4月10日，当瓦洛涅投降后，凯瑞出发前往卡昂。4月14日，英军穿越沿海沼泽地，从在卡朗唐的法国伯爵让·德克莱蒙的军队眼皮底下溜了过去。那天晚上，英军在福尔米尼附近临时露宿。4月15日，克莱蒙从东部赶来，里什蒙从南部赶来和他会合。在福尔米尼战斗中，英军略占优势——凯瑞有5025人，而克莱蒙和里什蒙只有4200人。

在整个战役中，除了一次对法军大炮进行突击外，凯瑞一直处于守势，直到里什蒙的到来，双方一直僵持不下。凯瑞对他的出现感到不安，命令他的部队退回到一个新的位置。当英军重整的时候，法军发动了全面进攻，粉碎了他们的防线，取得了决定性的胜利。英格兰人不再向诺曼底派遣援军，而法国人也开始肃清该地区剩余的英军。8月12日瑟堡的解放标志着这场战役结束。

在兰开斯特的诺曼底陷落后，查理将其注意力转向了加斯科涅。英格兰人统治诺曼底只有30年，但他们控制加斯科涅已达三个世纪。法国人最初在长达一年的战役中把英格兰人赶了出去，这场战役于1451年8月结束。然而，加斯科涅人却恳求英格兰人回来。1452年10月17日，英格兰人派遣什鲁斯伯里伯爵、年逾六旬的约翰·塔尔博特和3000名士兵前往加斯科涅，他们在波尔多被视为救星而受到欢迎。

英格兰人回来的消息和加斯科涅在这件事上的共谋激怒了查理国王。预料到了法国的反击之后，1453年3月，塔尔博特的儿子约翰·怀康特·莱尔带着2000人的生力军到达加斯科涅，以应对预料当中的法军反击。正如英格兰人所预料的，仅仅三个月后，三支法国军队就从不同的路线入侵了加斯科涅。

让·德·比埃伊率领着三支军队中的最南端的一支。他的部队拥有5000名士兵和强大的炮兵辎重，在大炮专家让·比罗的指挥下，沿着多尔多涅河向东行进。占领了让萨克之后，法国人继续向东进攻卡斯蒂永，在那里建立了一个防御森严的炮兵营地，准备正式围攻城墙内的英军。忧心忡忡的市民们请求塔尔博特帮助他们对付围城军队。

7月16日，塔尔博特率领大约6300人的盎格鲁—加斯科涅军队开始了向距他们48千米的卡斯蒂永进军。塔尔博特指挥着一支1300人的先头部队，在卡斯蒂永以北的圣洛朗修道院对法国驻军发起了猛攻。冲突中的幸存者们奔跑了3000米到炮兵营去警告他们的指挥官——当时德·比埃伊不在，所以他们通知了比罗。

位于多尔多涅山谷的法国炮兵营地由一条

沟渠和一个木栅栏组成。比罗有各种各样的枪支300支,包括手枪、重炮、多管炮和攻城炮。当他命令马夫把马匹从炮兵营地里赶出去时,扬起的滚滚尘土让英军误以为是法国人正在撤退的信号。

尽管塔尔博特的下级指挥官托马斯·埃弗林厄姆爵士建议他等到其余军队到达后再进攻法国要塞,塔尔博特还是下令立即进攻。英方不知道的是,1000名布列塔尼骑兵正在城镇北部的山上扎营,随时准备出兵提供支援。

当英军先头部队到达炮兵营地时,很明显,法军并没有撤退。尽管如此,塔尔博特还是命令他的500名披甲武士和800名弓箭手下马,在炮兵营地南侧列队,准备进攻。塔尔博特身穿红色天鹅绒外袍,头戴紫色天鹅绒帽子,骑在他的白马上指挥进攻,使自己成了一个引人注目的目标。

塔尔博特曾是法国战俘,在1429年的帕泰

▲ 统帅亚瑟·德·里什蒙作为军事指挥官的才能在福尔米尼得到展示

▲ 福尔米尼激战，导致了兰开斯特的诺曼底沦陷

战役中被俘。作为释放条件的一部分，他曾承诺不"武装"对抗法国国王或他的军队。塔尔博特认为，从严格意义上来说，他那天既没有穿盔甲，也没有携带武器，只是在履行自己的承诺。

塔尔博特的人冲过栅栏，大声叫喊着"塔尔博特！"和"圣·乔治！"。英军与守军在城墙上短兵相接，试图推倒部分城墙，让后面的人进入堡垒。法国炮兵猛烈轰击进攻者。重炮发射的子弹一次击倒了多达六名进攻者。

当指挥英军步兵的肯德尔勋爵到达战场时，塔尔博特让他进攻堡垒的西侧。然而，还没等他们真正有所作为，布列塔尼的骑兵就赶到了，他们的进攻压在了塔尔博特的右翼上。塔尔博特受伤了，但他是如何受伤的目前尚有争议。一种说法是他的胳膊被手枪或大炮的碎片击中，另一种说法是他的脸被剑刃击中。

虽然受了伤，塔尔博特还是努力集结士兵，但没有成功，很快他又被打倒了，被压在坐骑下面，无法脱身。一名法国弓箭手顺势用战斧劈开了他的头。看到他们的领袖倒下，英军逃离了战场。在随后的溃败中，塔尔博特的儿子也被杀了。一些英兵逃向多尔多涅河上的一处浅滩，而另一些人则决定在卡斯蒂永内临时避难。

塔尔博特对强敌的零散进攻是一个鲁莽的决定，给英格兰人带来了一场重大的军事灾难。他们损失了3000人，而法军只损失了500人。10月中旬，当布尔多的英格兰驻军同意不战而降的时候，查理允许他们以最高荣誉坐船离开。考虑到法英两国之间的长期仇恨，这是一种宽宏大量的姿态。

《皮基尼条约》

尽管爱德华四世集结了一支强大的军队来恢复与法国的长期斗争，但他还是接受了一项结束敌对状态的和平条约

英法两国的几代人参与了激烈的百年战争，胜利在两个国家之间来回转换。英格兰曾经控制法国的大片土地，见证了国王亨利六世加冕成为法国的统治者，但在1453年法国人占领波尔多后，英格兰开始倒退了。英格兰只剩下加来和断断续续持续了116年的越来越绝望的对法国王位的要求。战争在没有签署正式条约的情况下逐渐结束了——经过如此长时间的战斗，让英格兰承

法国国王路易十一曾骄傲地吹嘘说，他用鹿肉和好酒就阻止了英格兰的入侵。

▲ 温莎的兔戒室是在爱德华四世时代建造的，记录了1475年8月29日的会议。它的存在表明爱德华对1475年的结果很满意

认失败是很难的。

英格兰人已疲惫不堪。随着1455年5月玫瑰战争的爆发，形势进一步恶化，亨利六世越来越不理智，那些不安分的贵族看到了为自己的权力和利益洗牌的机会。英格兰人陷入了虚弱而疲惫的境地，法国人也忙于修复他们满目疮痍的国家。

1471年，爱德华四世登上英格兰王位。经过多年的动乱之后，他试图使这个支离破碎的国家恢复和谐。团结这个国家的一个方法——更不用说给他的好战的贵族一个展现骑士精神的出口——是呈现一个共同的敌人：法国。1472年，当议会讨论战争资金问题时，这一意图被提交审议。

爱德华四世仍然声称拥有法国的王位，而勃艮第的"勇敢的查理"和他强大的军队的阴谋策划使爱德华在与法国的战争中有了一个现成的盟

▲ 爱德华四世是约克派一员，深知建立家族王朝的必要性。创造一个共同的敌人来统一他的王国是1475年入侵法国的一个关键原因

友。1475年6月,爱德华召集大批军队,带领11000多名士兵离开英格兰,加入了他的盟友。然而,勃艮第人的支持未能兑现,英格兰人只能独自面对法国人。当英军从加来出发时,强大的法军正悄然逼近。但是,路易十一看到了一个避免高昂代价的冲突的机会,找到了阻止入侵的另一种方法。

8月29日,在皮基尼索姆河上一座特别建造的桥上,双方会面:不是为了冲突,而是为了谈判。路易提出支付爱德华75000克朗,外加每年50000克朗的津贴,解除了对英格兰的贸易限制,给英格兰贵族发放抚恤金,来换取7年的和平协议。爱德华欣然同意,就这样,一个友好的和约达成了。

这个条约对爱德华有几个好处。在失去了勃艮第的支持后,他避免了失败的可能性,同时获得了大量的个人资金,这减轻了他对议会的依赖。尽管爱德华从1475年的战役中获得了短期利益,但也大大削弱了他的地位。

实际上,放弃在法国失去的领土是对约克家族声誉的一个打击,而一些贵族对失去这个荣耀感到不满。与此同时,为了没有实质的胜利而建立一支军队所产生的公共开支,使臣民对爱德华感到失望。他在国外的声誉也受到玷污,他拒绝参战被广泛解读为承认法国的军事优势。

对法国人来说,这是与英格兰长期争夺法国统治权的结束。随着条约的缔结,路易可以放心,英格兰人将不再试图夺回他们的领土。法国可以作为一个比1337年战争爆发前更强大的国家而向前发展。

▶ 勃艮第的"勇敢的查理"承诺带领他强大的军队与他的姐夫爱德华四世的军队一起入侵法国。然而,1475年查理让他的军队包围了诺伊斯城,这是一个严重的错误

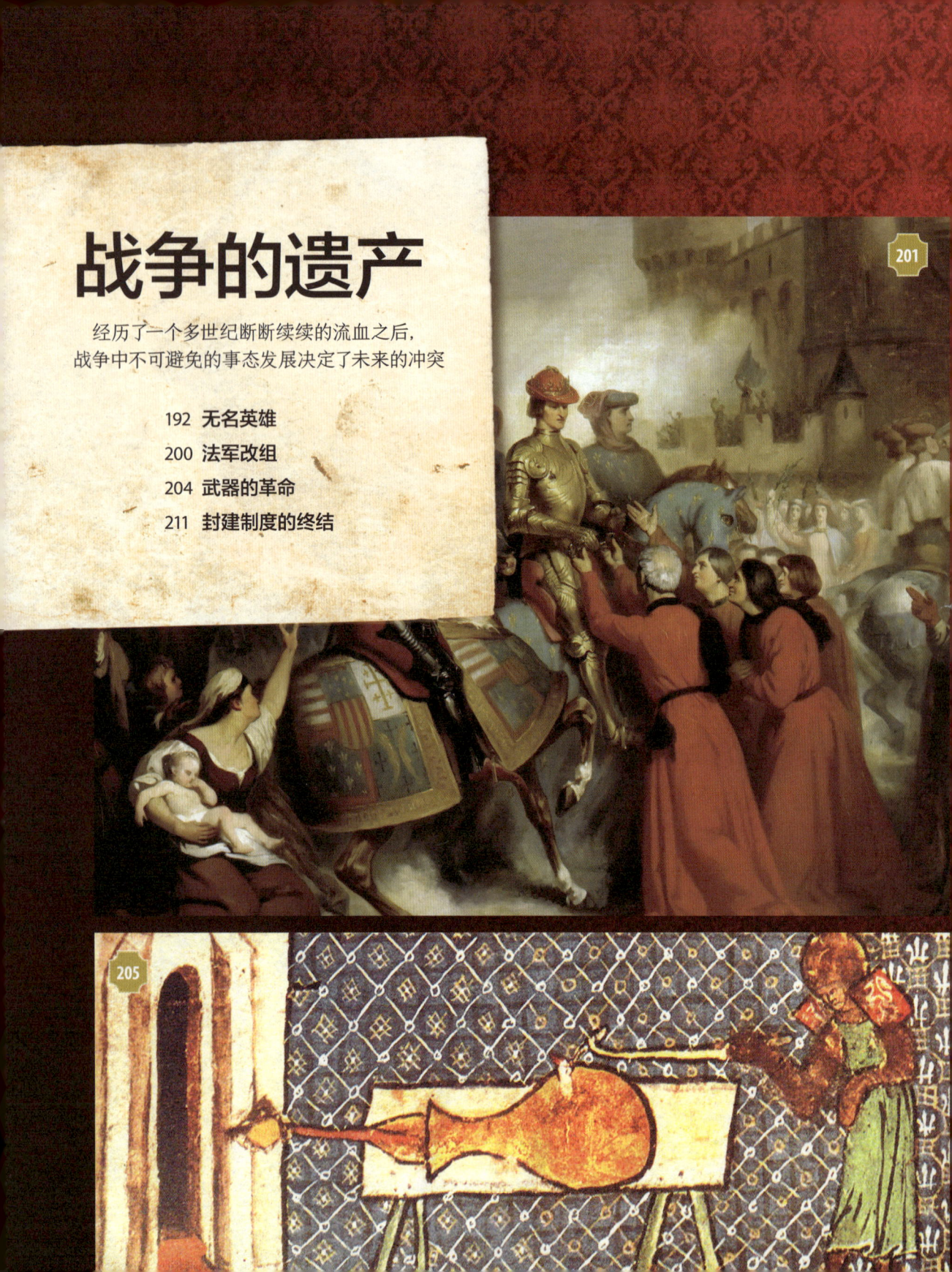

战争的遗产

经历了一个多世纪断断续续的流血之后,战争中不可避免的事态发展决定了未来的冲突

- 192 无名英雄
- 200 法军改组
- 204 武器的革命
- 211 封建制度的终结

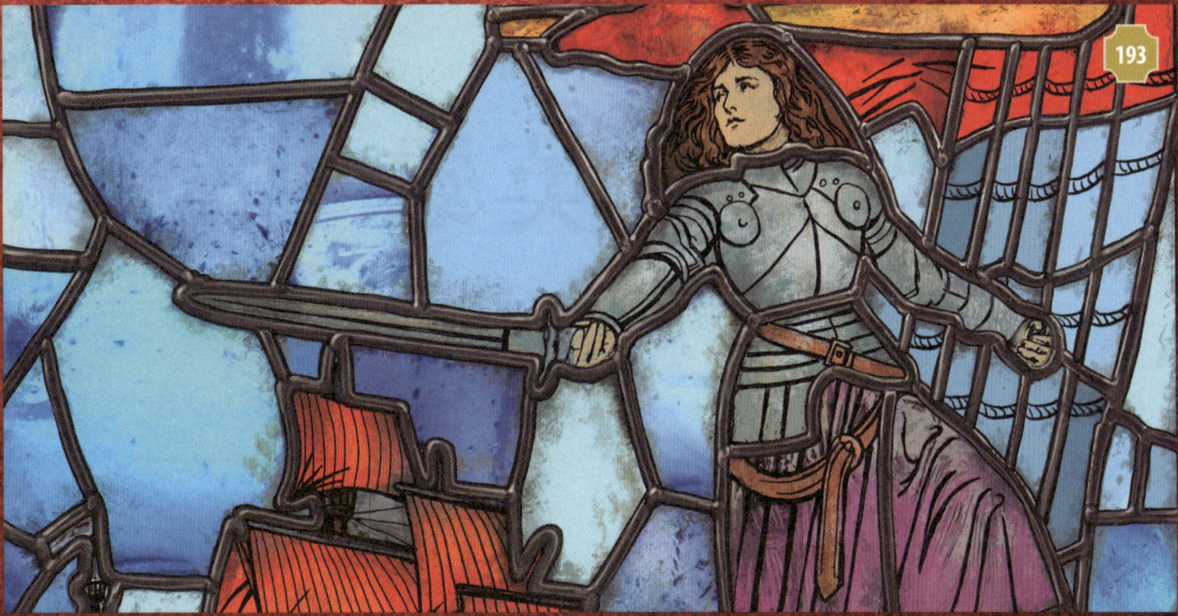
193

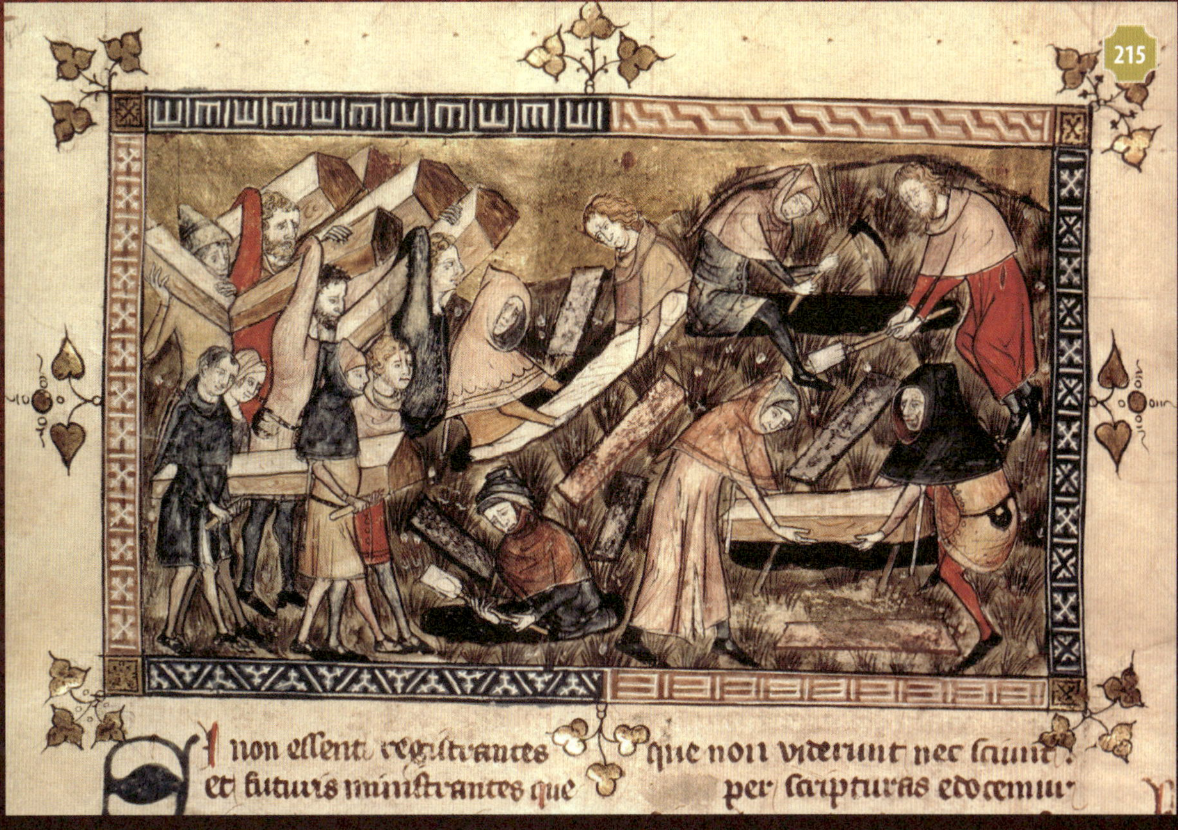
215
non essent registrantes que non viderunt nec sciunt
et futuris ministrantes que per scripturas edocemur

无名英雄

那些被遗忘的在百年战争中为他们的国家战斗和牺牲的人

约翰·钱多斯

约1320—1369 英格兰人
一股强大的力量

约翰·钱多斯是一名天生的绅士,是"黑太子"爱德华的密友,也是百年战争中一名勇猛的战士。正是约翰一手策划了1356年普瓦捷战役的胜利,八年后,他带领约翰·德·蒙特福特在欧赖战役中取得胜利,这场战役使蒙特福特成为布列塔尼公爵约翰五世。钱多斯的能力令人钦佩,当1369年法国人开始成功地发起反击时,爱德华召唤的人正是他。

约翰令人敬畏的声誉使他成为法军的中尉、英格兰的副宫廷大臣和科唐坦的圣·索沃尔子爵。

尽管钱多斯有着辉煌的军旅生涯,但他的死却相当平凡。1369年,在普瓦图的吕萨克堡的一次夜间小规模冲突后,他在结了霜的地上滑了一跤,长袍缠住了他。一个叫詹姆斯·德·圣·马丁的法国乡绅看到了机会,在他的脸上刺了一刀。

但是,钱多斯非常罕见地受到交战双方领袖的赞赏。据传闻,他去世后,法国的查理五世评论说,如果钱多斯还活着,他可以找到一种实现持久和平的方法。

▲ 钱多斯是嘉德骑士团的创始人之一

让娜·德·克利松

1300—1359 法国人
法国复仇的愤怒

奥利弗离开家乡参加百年战争前,让娜和她的丈夫奥利弗过着相对平静的生活。当奥利弗被捕并被勒索赎金时,法国人为他的安全返回付了赎金,但查理·德·布卢瓦指控奥利弗变节,国王腓力六世于1343年以叛国罪下令处决他,于是让娜爆发了。

愤怒之下,她召集了一小群人,开始攻打布列塔尼的亲法军队。然后,她带着一支由三艘船组成的舰队出海——她的船队被称为"我的复仇"——杀死了所有的法国船员。她还与英格兰人结盟。她当了13年海盗,后来爱上了英格兰贵族沃尔特·本特利爵士。他们于1356年结婚,过着平静的生活。让娜从此杳无音信,也没能向在1364年的战役中死亡的查理·德·布卢瓦实施报复。

▲ 正是丈夫的死促使让娜攻击法国军队

巴伐利亚的伊萨博

约1370—1435 德国人
背叛者女王?

伊萨博并不是天生的女王。她在年仅15岁时嫁给了法国的查理六世,也就是人们所熟知的"疯子查理"。她对未来动荡的生活毫无准备。她的丈夫经常疯病发作,因此伊萨博被指派负责摄政议会。内战爆发时,她辗转于勃艮第公爵和奥尔良公爵之间,无法长时间与一方为伍。

因为丈夫身体有恙,伊萨博在1420年签署了《特鲁瓦条约》,这一举动损害了她在历史上的声誉。她签字放弃了她儿子的王位继承权,实际上是把英格兰的亨利五世推上了王位,虽然亨利娶了伊萨博的女儿瓦卢瓦的凯瑟琳,但是王冠上仍然流淌着法国人的血液,对法国来说幸运的是,亨利在条约实现之前就去世了。

▲ 伊萨博在历史上被描绘成一个坏女人

巴肯伯爵约翰·斯图尔特

约1381—1424 苏格兰人
领导苏格兰人战斗

约翰·斯图尔特是一名勇猛的战士，是奥尔巴尼公爵罗伯特·斯图尔特的儿子，在没有国王的情况下，奥尔巴尼公爵是苏格兰的实际领袖。作为一支多达6000人的苏格兰军队的指挥官，他在1419年响应了法国的援助请求。在平静了一年之后，他于1421年3月22日率领一支法（国）一苏（格兰）联军在博热战役中取得了胜利，并被任命为法国统帅，实际上是法国军队的总指挥。

然而，他后来的战役并不那么成功。在阿朗松、蒙米拉伊和法兰西岛失败后，他前往苏格兰寻求增援。他的这次任务完成得很出色，于1424年3月率领一支军队返回法国。不幸的是，那是他最后一次去苏格兰。1424年8月17日，约翰在韦尔讷伊战役中阵亡，4000名苏格兰人也战死沙场。

▲ 1795年的约翰雕像

▲ 博热战役，约翰最令人难忘的胜利

"无畏者约翰"

1371—1419 法国人
想要占领巴黎的公爵

在百年战争相对和平的时期，勃艮第派的领袖、"无畏者约翰"想要夺取巴黎的控制权。自从他的父亲去世后，他一直被视为查理六世的有实无名的摄政王，他的主要目标是使勃艮第公国成为一个更加独立的地区。然而，随着形势的转变，阿马尼亚克人开始获得权力，使得内战越来越近。

在阿让库尔战役中，亨利五世击败了法军，于是双方都在与英格兰谈判，他们对英格兰提出的各种要求的恐惧促使他们团结起来。约翰和亨利确实短暂地见过面，但当他们意识到他们的目的不同时就分道扬镳了。相反，亨利在1417年开始入侵诺曼底，而约翰则在第二年5月占领了巴黎。当英格兰人越过勃艮第时，法国各派系于1419年7月共同签署了一项协议，但是随后的谈判在9月约翰遇刺后中断。

▲ 作为报复，约翰下令杀害奥尔良公爵路易一世，但约翰自己却被暗杀了

▲ 约翰善于利用机会

什鲁斯伯里伯爵一世约翰·塔尔博特

约1384—1453 英格兰人
英格兰的阿喀琉斯

约翰·塔尔博特从十几岁就开始作战。他的英勇终于在1414年得到承认，当年他被亨利五世任命为爱尔兰的中尉。四年后，他被召唤到法国参加战斗，在那里他参加了许多围城战，包括莫城战役（亨利五世战死在莫城）。

当法国在查理七世和圣女贞德的统治下统一之后，他回到了法国，1429年在帕泰被俘，但这并没有阻止塔尔博特获释后以巨大的勇气保卫诺曼底。为此，他在1442年被授予什鲁斯伯里的伯爵爵位。1445年，亨利六世任命他为法国的统帅。1449年，他在鲁昂再次被扣为人质，并被要求发誓不再穿盔甲对抗法国国王——战场上他并没有违反誓言，因为他只是指挥战斗而没有亲自作战。

然而，1453年他做了最后一次尝试，拯救英格兰所控制的地区，甚至设法夺回波尔多，直到他在卡斯蒂永战役遇到了查理七世。塔尔博特在战场上被杀，据说，他的尸体旁躺着至死保卫他的儿子。

▲ 约翰·塔尔博特坟墓上的一幅画，位于什罗普郡惠特彻奇的圣·阿尔克蒙德教堂

索尔兹伯里伯爵四世托马斯·蒙塔古

1388—1428 英格兰人
英格兰忠诚的士兵

托马斯·蒙塔古是一名令人敬畏的士兵，1414年被授予嘉德骑士称号，然后他来到法国，领导军队参加了百年战争。索尔兹伯里在阿让库尔战役、阿夫勒尔围攻和鲁昂围攻等备受瞩目的小冲突中身经百战，他于1419年被任命为诺曼底中将，并被封为佩尔什伯爵，这是亨利五世为他的贵族创建诺曼头衔政策的一部分。

索尔兹伯里成年后的大部分时间都在法国作战。他甚至在1425年接管了勒芒城，重新占领了法国收回的土地，并与贝德福德公爵和萨塞克斯公爵一起占领了新领土。然而，他却在奥尔良围攻中阵亡。1428年10月27日，一颗炮弹击中了他站立的地方，几天后他就因伤势过重而亡。

▲ 奥尔良围攻，索尔兹伯里在那里受了致命伤

阿拉贡的约兰德

1384—1442　西班牙人（阿拉贡人）
帮助拯救法国的西班牙人

虽然没有得到应有的认可，但如果没有来自阿拉贡的约兰德努力保住瓦卢瓦家族在法国的王位，这个国家很可能会落入英格兰手中。约兰德是一位西班牙公主，嫁给了查理六世的堂兄、安茹的路易。她尽其所能在交战的勃艮第和阿马尼亚克两派之间进行斡旋，后与"无畏者约翰"为敌。然而，最终她还是决定站在太子查理一边，因为根据《特鲁瓦条约》，查理的继承权将被剥夺。

1418年，太子在普瓦捷成立自己的政府，在他未来的岳母约兰德附近，得到了西班牙人的庇护，约兰德最终挑战了伊萨博让太子在1422年回到巴黎的要求，并说服查理六世承认她为王国的中将，使得王后失去了摄政的角色。

约兰德也是圣女贞德早期和长期的支持者，为她的一些作战提供资金，她还因说服布列塔尼家族放弃与英格兰的联盟而被铭记。然而，也许最巧妙的是她的情报收集工作，她与法国领导人的几个情妇成为朋友，并利用她们获取情报。

▶ 约兰德也是她的家乡阿拉贡的执政女王

拉·伊尔

1390—1443 法国人

圣女贞德的忠诚指挥官

艾蒂安·德·维尼奥勒更广为人知的名字是"拉·伊尔"（意为"咆哮者"）。1418年，英军在一段相对和平的时期后入侵法国，维尼奥勒在法国太子查理手下服役。他被一些人认为是当时法国最优秀的骑兵，他参加了1421年的博热战役，后来又率领先头部队参加了帕泰战役，这场战役法国获胜。

此外，拉·伊尔在1430年成功占领并控制了盖拉德城堡的英格兰防御工事。1431年春，他被囚禁在杜尔当，1438年被查理七世任命为诺曼底总司令。

然而，拉·伊尔最为人知的也许是他对圣女贞德坚定不移的信任，这位加斯科涅上尉在1428—1429年的围城战中始终与奥尔良少女并肩作战。

▲ 1835年受路易-菲力浦国王委托绘制的拉·伊尔的画像

▲ 查理七世画像，约1445—1450年由让·富凯绘制

法国查理七世

1403—1461 法国人

真正的法国国王

1420年，法国太子查理被《特鲁瓦条约》剥夺了继承权，他逃到普瓦捷建立了自己的替代政府，尽管他被戏称为布尔日国王。

是圣女贞德把法国人团结在他的旗帜下。受到这个农家姑娘的鼓舞，法国人把英格兰人从奥尔良赶到了北方。1429年，贞德亲自护送查理去兰斯加冕，她的死也没有阻止查理带领新追随者前进的步伐。1437年，查理终于再一次进入了巴黎。

作为国王，查理规定永久征税，削弱了法国教皇的权力，扩大了王室的权力。他还建立了法国的第一支常备军，并在开发炮兵新技术上投入巨资。正是在后者的帮助下，他从英格兰手中夺回了诺曼底和阿基坦，并分别在1450年和1453年赢得了福尔米尼战役和卡斯蒂永战役，宣告了法国在百年战争中的胜利。

"好人腓力"

1396—1467 法国人

改变立场的人

"无畏者约翰"的儿子"好人腓力"是个好士兵，他身边都是像他的大臣尼古拉·罗兰那样的高级顾问。最重要的是，在签署《特鲁瓦条约》后，他承认亨利五世是未来的法国国王，并且在亨利五世死后，他还支持英格兰的其他主张。事实上，到1422年，盎格鲁-勃艮第联盟已经控制了阿基坦和卢瓦尔河以北的整个法国，包括巴黎。1430年，他甚至把圣女贞德交给了英格兰人，索要了10000克朗的赎金。圣女贞德随后被绑在火刑柱上烧死。

然而，在圣女贞德死后，他开始有了怀疑，并最终确信，如果没有法国贵族的更多支持，英格兰人永远不可能控制法国这么大的土地。所以他决定改变立场。由于他支持查理七世加冕，获得了一大笔钱，他的公国成为了一个独立的公国。正是在腓力的统治下，中世纪的宫廷生活达到了奢靡的顶峰，他身边都是最好的艺术家和音乐家。1430年，他还设立了一个新的骑士勋章——金羊毛勋章。

▲ 1430年以后腓力的盾形纹章

让·德·韦弗林

1400—1474 法国人

一个士兵变成了年代史编者

作为一个不容置疑的亲英派，让·德·韦弗林一开始在阿让库尔战役中只是一个卑微的侍从，后来他和他的英格兰盟友参加了许多勃艮第远征，直到1435年结婚。此时，他为勃艮第公爵履行了许多官方职责，包括担任英格兰宫廷和教皇的大使。

然而，他最出名的可能是他生命的最后25年。在此期间，他编纂了多卷本的英格兰编年史，记录了从开始到1471年的英格兰历史，其中包括百年战争中的事件。不幸的是，他在完工前就去世了。

▲ 百年战争中的法国指挥官贝特朗·迪盖克兰之死，出自德·韦弗林的《英格兰纪事》

法军改组

1445年实施的法国军事改革造就了一支训练有素的常备军，这是英格兰人无法匹敌的

文/威廉·E. 威尔士

1449年10月，连续三天，一群忠于查理七世的民众控制了诺曼底公国的首都鲁昂。一支庞大的法国军队驻扎在城外，而查理国王则在东侧城墙外的圣·凯瑟琳修道院安营扎寨。在法军试图进入城内的尝试失败后，民众们自己动手，攻破了皇家军队的大门。英军撤退回城堡，投降后，获准去往卡昂。

查理国王胜利地骑着马进城，由600名骑兵组成的卫队骄傲地跟在他身后。这些骑兵隶属于新成立的常备军，这支常备军是根据1445年的一项皇家法令建立的，该法令确定了"王法军团"（compagnies d'ordonnance）为法国皇家军队的核心。每个骑士都带着一支长矛，长矛上系着一面红缎子三角旗，旗上画有一个金色的太阳。查理完全相信他强大的军队能够使他从英格兰人手中夺回诺曼底和加斯科涅。

设立"王法军团"的契机可以追溯到1360年的《布雷蒂尼条约》，该条约间接导致了剥削法国人民的独立雇佣军团的激增。用当时的说法，这些无业的军团被称为"鲁提埃"（routier）或"埃科切尔"（ecorcheurs）。他们勒索保护费，洗劫城镇和乡村，致使平民普遍不信任国王的军队。大批无业人员和退役士兵的队伍在很大程度上成为了一个祸根，需要全面治理。

对查理七世来说，自从1429年奥尔良解放以来，这个问题就变得急迫了。法国国王需要忠诚、纪律严明的军队。国王传统上集结军队是通过召集封地征兵、雇用雇佣军和外国军队来实现的。但在和平或休战期间，无业的雇佣军所表现出的目无法纪，再加上需要对贵族阶层加大控制，使得国王必须制定出更好的招募和维持皇家军队的方法措施。

1444年图尔休战之后，查理国王于1445年

▲ 战争的遗产

1月5日颁布了一项重要的改革措施，被称为"王法军团"。这一军事改革直接促进了了一支新生的常备军的建立，这支常备军由只忠于君主的皇家骑兵组成。改革措施规定，这些军团由长矛队组成，并规定了如何付薪酬，向谁汇报，以及由谁负责。

查理从常备军那里获得了实实在在的好处。他将拥有一支由装备精良、机动性强、经验丰富的骑兵组成的军队。作为回报，平民们将拥有一支约束不法行为的军队，保护他们免受各种强盗行为的伤害。

"王法军团"中提出的改革把征兵权仅限于国王和他授权的代表，从而确保了国王是王国内唯一可以发动战争的个人。这有助于解除来自拥有自己军队的强大贵族们的威胁。

改革还规定了各省和地区对于常备军的义务和责任。他们将为皇家军队提供资金、装备和驻地。

统帅亚瑟·德·里什蒙监督了第一批皇家军团的建立。他审查了国王雇用的军队，着眼于清除军队中不胜任的和不受欢迎的人。有经验和装备好的个人及分队予以保留，而那些达不到最低标准的则被解雇。

国王制定了一种方法，让军队可以得到定期的军饷——各省通过实物和现金的混合方式给他们付酬金，因此他们没有理由去抢劫。

为了维持常备军，有必要扩大与皇家军队相关的官僚机构，因此，国王聘请专员、监察官和司库人员来监督负责维持军团开销的地方司法管辖区的

法国在1439年首次尝试的军事改革，引发了一场被称为"布拉格叛乱"的起义，这次起义由贵族发动，他们认为这些措施威胁到了他们的世袭权利。

新兵种

查理七世进行军事改革,建立了为王室服役的统一骑兵和民兵

1445年的法令建立了由100支长矛队组成的皇家骑兵团。按照规定,长矛队由六名骑士组成:一名披甲武士,一名护卫,两名弓箭手,一名男侍,一名贴身男仆。国王最初组建了15个军团,共计9000人,形成了法国常备军的核心。随后几年又增加了几个骑兵团。

1448年,国王颁布了一项法令,建立了一支名为"免税弓箭手"的民兵步兵团。与遍布全国的骑兵团不同,"免税弓箭手"留在自己的家中。他们被免除了租税(土地税),并且自己负责提供盔甲和武器——如果他们太穷,这些装备将由他们所在的教区提供。按照规定,每50户人家应配备一名弓箭手和一名弩手。

"免税弓箭手"每周进行培训和操练,随着这一体系的成熟,后来扩大到了包括长枪兵、手枪手和弩手。

▲ "免税弓箭手"都是平民,他们不用缴纳土地税,作为回报,他们愿意在国王的军队训练和服役

▲ 骑枪小队由一名重装骑士和五名轻装骑兵组成

税收。统帅和元帅也进行定期的召集和检阅，以确保在军队服役的是高质量的人员。

1448年，三级会议通过了一项附加改革，将"免税弓箭手"（franc-archers）作为国王的步兵。"免税弓箭手"在很多方面发挥作用，比如传统的封地征兵，但在招募、训练和薪酬方面又有新的标准。

查理努力改进骑兵和步兵的同时，还采取措施改良大炮。15世纪火药和大炮的重大技术进步使得法国皇家军队认为拥有用金钱所能买到的最好装备势在必行。国王聘用了两个兄弟，让和加斯帕尔·比罗，作为王室的代理人，让他们负责购买高质量的火炮和小型枪炮。

建立法国常备军的改革具有行政和政治性质，而不是创新的战术性质。虽然改革没有改变骑兵或步兵作战的方式，但是确实引入了提高军队质量的标准。正如诺曼底战役和加斯科涅战役所证明的那样，改革确实使国王的军队更有效力，并使之更有能力以更快的速度和更大的力量打击敌人。

查理七世统治时期最重要的一项改革就是建立了"王法军团"。军队的三个分支的加强，使得法军在百年战争的最后阶段成为了一支不可阻挡的队伍，这也使得查理七世收复了除加来以外的被英军占领的所有法国领土。

查理还采取措施改良大炮。

武器的革命

技术总是在战争的考验中取得进步，
百年战争将见证一场早期现代武器的革命

百年战争开始时，在欧洲战场上占主导地位的军队是由封建武士贵族领导的。当重装骑兵冲锋能决定一场战斗成败的时候，这些人和他们的追随者组成了战场上军队的核心。然而，随着技术和武器装备的进步，以及新的战术的出现，这种情况很快改变，一场影响欧洲发展的武器革命即将到来。

在早期的交战中，英军主要使用可怕的长弓，其射程和盔甲穿透力是法国重骑兵的致命克星。英军也开始使用步兵，步兵使用的像钩镰这样的武器是一种长柄武器，有宽阔的切割头和锋利的刀尖，用来对付法军沉重的盔甲。火药也对欧洲各国版图产生了影响，在战争后期，简易大炮和手枪变得越来越流行。

这些新型而可怕的武器只有重兵把守的城堡才能抵挡得住，过去依靠蛮力和武力的中世纪军事世界正在进化。

▲ 1326年西欧使用的火药

火药

1267年
英格兰 / 法国 / 勃艮第 / 苏格兰

14世纪20年代,火药才被用于西方的军事行动。苏格兰的编年史家记录了英格兰人的一种叫作"火山岩"(crakys of wer)的武器,这是一种火药武器,能发出可怕的声音。同时大炮很快就和弹弓、投石机一起成为了陆军炮兵的主要装备。

在这个时候,火药大炮不是用来轰击和推倒墙壁,而是用来摧毁城镇或城市内的建筑物。它也被用于配合更成熟的火炮,但因为缺乏突破能力,它似乎对围攻时长没有太大的影响。这些早期的大炮体积小,价格便宜,成本大约是弩炮或弹弓的一半。与传统火炮相比,火药具有一个优势,它所产生的噪声会对敌人的精神造成明显的伤害,尤其是那些不习惯看到这种可怕新型武器的人。

到了15世纪,这项技术得到了改进。1415年,亨利五世用12门大炮摧毁了阿夫勒尔的建筑,迫使守军谈判投降。火药不仅在围攻城镇时发挥奇效,在防御时也同样有效。事实上,亨利五世将他的大炮对准了阿夫勒尔的城墙,不是为了摧毁城墙,而是为了击退法国守军的还击。

仅仅十年之后,火药技术已经发展到足以威胁到一座城堡围墙的程度,法国人付出了失去马耶讷的塞易斯-苏珊娜镇的代价,才发现这一点。"索尔兹伯里伯爵有九门大型火炮,许多大炮和猎枪(轻型火炮)都已就位并准备就绪。八天或十天以后,这些火炮和大炮开始日夜不停地射击,把那个城市的城墙打垮了。"

到15世纪40年代末,火药大炮已十分成熟。15世纪40年代初,阿夫勒尔抵抗了长达三个月的轰炸,但在1449年,仅仅17天就被法国人控制了。1450年,法国人在大炮的帮助下重新占领了许多城镇和城堡,这是前所未有的。大约有100个城镇或城堡落入了法国-勃艮第军队之手,其中许多是需要长时间围攻才能拿下的。几个世纪以来对防御工事的依赖受到了威胁。

弩

公元6世纪
法国

当英军广泛使用长弓时，法军很快就把弩作为他们在百年战争中首选的发射性武器。弩是一种复杂的武器，它的弓用牛角和肌腱进行加固，这意味着它能在同等大小的情况下承受更大的冲击。弓弦前端的马镫是用来固定弩的。装填时，使用者需要蹲下来把弓弦固定在触发装置上，然后再固定在自己的腰带上。这将使弩手易受攻击，因此，弩手在战斗中经常携带盾牌（pavise，一种戴在士兵背上的大盾牌）来保护自己。

弩通常与长弓的射程相当，它具有强大的盔甲穿透力，能够在200码远处穿透盔甲，在中世纪时期是装甲战士的克星，以至于教皇伊诺桑三世在第二次拉特兰会议上呼吁禁止使用弩，虽然这可能是由于不想杀害其他基督徒，而不是由于武器过于强大。

弩的优点是使用方便和抵御能力强。特别是与长弓相比，掌握弩这种武器所需要的训练相对较少。能够让一个出身低微的战士与一个训练有素、披甲精良的骑士近距离肉搏，并最终取得胜利，弩是一个巨大的优势，而要制衡这一优势，弓箭手需要大约每分钟射出四支箭，这意味着他们可能会暴露在危险中。

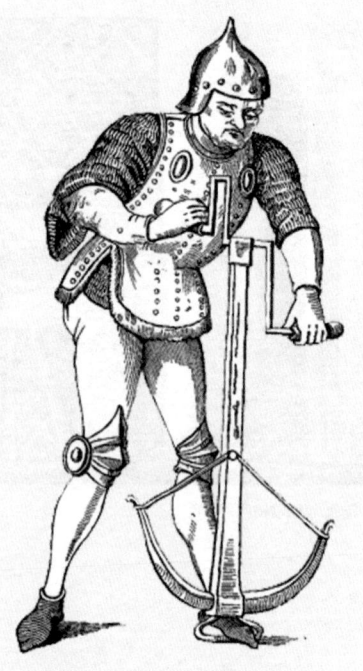

▲ 弩手可以使用绞盘装置帮助他们重新装箭

大炮

14世纪
英格兰 / 法国 / 勃艮第 / 苏格兰

当大炮第一次出现在法国战场上的时候，它们并没有像后来那样改变战局。然而，它们的发展和效力在整个14世纪稳步增长，并在15世纪爆发。枪炮在设计和制造上的关键变化使它们变得让人望而生畏。第一批大炮要短得多，也要粗得多，因此加长大炮炮管增加了大炮的威力、精度和射程。最后的改进是在冶金方面和用不同的金属及化合物进行实验，这大大增加了大炮的强度并降低了铸造的难度。

这些显著的进步可以从战争中使用的大炮数量上看出来。1382—1388年，英格兰王室购买了87门大炮。到1409年，人们一致认为，占领一个要塞大约需要250门大炮，这在短时间内是一个巨大的数量增长。

▲ 这些英格兰大炮在1434年圣米歇尔山围攻失败后被托马斯·斯凯尔斯遗弃

手枪

14世纪（欧洲）
英格兰 / 法国

在百年战争期间，随着大炮的发展，手枪（handgonnes 或 handguns）变得越来越普遍。它最简单的形式是由一根金属管组成，或者连接在一根杆子的末端，或者连接在一根类似弩的十字弓状的把手上。像大炮一样，手枪也使用火药，当火药点燃后，铅或金属弹射向敌人。这些武器所引起的噪声和混乱可能比炮弹更有效。15世纪引入的长枪管在威力和精确度方面都有所帮助，但它们远不能取代弓箭成为军队的主要发射性武器。

尽管有这些局限，手枪还是在引入仅仅几年后就得到了更多的使用。让·傅华萨声称英格兰人在围攻圣·马洛时使用了400支手枪（也被称为"hackbuts"或"hagbuts"），这在当时是一个相当可观的数字。

▲ 两门小型火炮和中间的炮管，全部来自15世纪

弓
中世纪的战弓通常由欧洲的紫杉木制成。活动的外部边材只有薄薄的一层，却能抵抗强大的张力——对于弓的平"背"堪称完美，固定的内部芯材能在完全拉伸的情况下抵抗巨大的压力，使其成为弓的圆圆"腹部"形成了一个自然产生的弹簧。

弓弦
弓弦用大麻或亚麻制成。这些弦被涂上蜂蜡，拧在一起形成一个坚固的环，没有任何薄弱的接合点。

箭
箭在大小、形状和重量上差异很大，但平均长度为30英寸。箭尖通常有半英寸厚，装备有手工锻造的钢制的头，每个钢头都有特定的用途。

翎
箭尾羽或"翎"由鹅、天鹅或孔雀的羽毛制成。用动物皮胶把羽毛固定在箭杆上，然后再用丝线牢牢地绑住。

箭栝
有了如此强大的弓，木制的箭的末端就容易在发射时断裂。为了防止这种情况发生，人们会把一根扁平的牛角薄片插入箭底部的一个凹槽中，这个凹槽与木头的纹理方向相反，从而加强了箭的强度，防止它折断。

箭尾的凹槽
为了保护柔软的紫杉木材在发射时不被弓弦损伤，使用了牛角薄片。这些牛角薄片的一边有一个单槽，弓弦可以在那里打环或打结。

英格兰长弓
亨利国王手下那些可怕的弓箭手如果没有这些精湛的武器便不堪一击。

针锋相对
技能拙劣的法国弩手无法与英格兰和威尔士的长弓手相抗衡

法国的弩
拉力：1000 磅
射速：每分钟 2—3 支箭
射程：约 380 码

英格兰的长弓
拉力：180 磅
射速：每分钟 8—10 支箭
射程：250—350 码

为什么长弓如此致命？
战弓专家马克·斯特雷顿解释了长弓手攻击敌人的致命射程

箭在近距离平射或射程从 10 到 20 码发射时，穿透力是最致命的，因为在这么短的距离，箭会在不减速的情况下，直接命中目标，最大限度地释放能量。但如果射程超过 220—240 码，就没有最后的致命射程了。原因是，一旦箭射过了 220 码，它就会以和在 40 码处射出同样的力量撞击，箭以 40 码处射出，没有在 10 码处射出那么大的能量，但仍然是致命的。这个原因很简单，为了让箭能够射出超过 220 码的距离，它必须以 43 度的轨迹射出，这意味着它在落地之前将达到一定的高度。达到这个高度后，箭头将以最大速度下落。这意味着在任何距离超过 220 码的地方，箭的动能都是相同的，因此它仍然是致命的。加上重型骑兵骑马进行射击，穿透的力量将会更大。

中世纪时期的箭头
仔细观察中世纪的箭头，看看每一种箭头是如何制作和使用的

菱形的重针尖箭头
这种长长的针尖箭头又重又大，还有四个锋利的边缘，它的设计开发纯粹是为了在装甲钢板上打洞。箭头的槽由一个圆锥体制成，再安装在木制的箭杆上。当它与一支半英寸厚、重约四分之一磅的箭一起使用，并从真正的军用战弓上发射时，就相当于中世纪版火箭推进的手榴弹。

10 型
这可能是战争中最常见的箭头，因为它制作简单、速度快，对当时的盔甲非常有效。10 型是一个简单的针尖箭头——一个四面都有尖的和一个卷的槽。这是由一位大师级的箭匠锻造的，是针尖型箭头的进化版。随着链甲逐渐被板甲所取代，10 型箭头在中世纪的军备竞赛中脱颖而出。

16 型
这种箭头与针尖型箭头有着非常明显的区别。它两边都有倒刺，这使得很难将它从它可能刺穿的任何目标上移除。倒刺很可能是单独焊接到头部的。这种箭头的流行程度尚不可知，但现在 16 型箭头不时被发现。它可能是一个军事改进版的狩猎用的箭头。

都铎针尖箭头
和 10 型箭头一样，这种箭头的制造成本低，速度快。据箭匠大师马克·斯特雷顿说，先按常规的方式做出槽，然后将炽热的箭头放入压机，也就是"模具"中，随后被锤击成型之后将边角切割并打磨以产生锋利的边缘。这种箭头在对付板甲时通常是无效的，但它可以穿透许多类型的纺织盔甲，比如软甲。

封建制度的终结

五个世纪后，封建制度由于内部的虚弱和外部的压力而崩溃

文 / 德里克·威尔逊

从起源来看，封建主义是使领导者保持对征服的领土永久控制的一种手段。国王要将在战役中赢得的所有土地分配给他的追随者中的直属封臣，作为对他们提供军事服役的回报。而直属封臣则转而将土地分配给他们的仆人，相应的仆人们会保证提供应允数量的武装人员为其主人服务。

因此，整个制度是建立在暴力基础上的——所有主要的土地所有者都是军阀。这就导致了两个相互矛盾的结果：它在动荡时期提供了一定程度的稳定，但也助长了国王和贵族之间的武装冲突。百年战争是这些冲突中持续时间最长、最顽强的一次，但是随着战争的爆发，世界正在发生变化。

几次内部变迁逐渐削弱了封建制度。随着时间的流逝，土地持有者们更多地把自己看作土地所有者，并希望把自己的土地传给儿子们。他

▲ 近处，一个农民在他的土地上使用牛拉的轮式犁，而远处人们在照料葡萄、喂羊和播种玉米

们还通过婚姻扩大自己的小帝国。当一个权贵死后没有男性继承人时，他的亲属经常会争夺继承权，而很少提及封建领主的权利。争夺者在提出主张时越来越依赖法律，随着时间的推移，法律纠纷开始变得更加复杂。

随着土地所有者们不断开发他们的领土，他们都不愿意参加军事行动，因此他们用财政支付来替代履行承诺。这导致国王们更多地依赖雇佣军——由职业士兵组成的军团，比如热那亚弩手——来作战。另一方面，统治者们也希望通过筹集资金来供养他们的军队，而不是呼吁那些对他们有封建义务的领主出兵，所以他们征税并向银行家借款。

然而，他们也严重依赖战利品，这意味着他们还掠夺城镇、村庄和农场，并勒索俘虏的赎金。由于雇佣兵只为钱而战，所以他们往往不可靠。在百年战争即将结束的时候，常备军开始出现，从而最终结束了土地占有和军事承诺的联系，而这是封建制度的本质要素。

但是战争也在以其他方式改变。在战争早期，骑兵和装甲骑士成为战场上的贵族，他们的冲锋具有毁灭性和决定性的特点。在战役的最初阶段经常使用弩手，以削弱敌人的力量，然后骑兵再对敌人混乱和狼狈的军团进行攻击。

骑兵和步兵的区别既有军事方面的，也有社会方面的。正如芭芭拉·W.塔奇曼所写的："在装甲盾牌和骑士精神的保护下，贵族觉得自己无懈可击，所向披靡，并越来越瞧不起步兵。他们认为，平民被排除在骑士制度之外，在战争中是绝对不能依靠的。作为马夫、辎重侍从、觅食工和筑路工（相当于工程兵团），他们是必不可少的，但是作为穿着皮军服、手持长枪和钩镰的士兵，他们被认为是累赘，在激烈的战斗中会'像雪一样在阳光下融化'。"

然而，正是长弓的发展，以其穿甲的威力、较远的射程和快速的射击速度，改变了军事战

衰败的骑士精神

骑士精神的荣誉准则只是为残酷的战争披上了一层薄薄的外衣

《故事集》中描述了这样一个人物：

那里有一个骑士，那是一个值得尊敬的人
从他第一次
开始骑马的时候就热爱骑士精神，
真理与荣誉，自由与礼仪……
他是一个非常完美、温柔的骑士……

300年前，布卢瓦的学者和诗人彼得描绘了一幅截然不同的封建骑士的画面：封建骑士"压迫基督所可怜的臣民，残酷地、无情地折磨可怜的人，以满足他们让他人痛苦的非法的私欲"。在这场百年战争中，现实与理想之间的差距是再大不过了。

为了满足国王和贵族的竞争野心而进行的残酷的战争，被诗人、游吟诗人和牧师赋予了高尚的美德。正是教会试图控制和指挥了在明确的范围内进行血腥的杀戮、残害和抢劫。骑士的本质是拿起武器反对基督教的敌人——特别是十字军东征，对封建领主忠诚，支持正义事业，保护弱者。在骑士阶层中，这种价值观经常展现出来，例如当"黑太子"宴请他的俘虏约翰二世，并恭恭敬敬地服侍国王吃饭时。

英雄式的理想是通过诸如英格兰嘉德勋章和勃艮第金羊毛勋章之类的骑士精神而得以延续的。但是战争风格的改变使骑士精神的神秘性消失，而对它的批评也正来自曾经赞扬过它的机构——教会。传教士们斥责武士骑兵比武危险而又虚荣的场面，并抱怨说，当代的披甲武士是古代骑士苍白的影子。但改变的不是军人，而是战争本身。

▲《健康全书》（中世纪的健康手册）中一名拿着萝卜的男子

▲ 《拉特勒尔诗篇》中描绘农民犁地的插图

术,削弱了骑兵的优势。一个勇敢的、轻装农民,准备一把锋利的斧头或两米长的长枪,在混战中可以和身披笨重盔甲的骑士一样有效果。

事实上,战争期间几乎没有对阵战——军队的大部分时间和精力都花在了骑行远征和围攻上。骑行远征是一种掠夺式的袭击,在此期间,入侵者攻击防卫不严的农场、村庄和城镇,以寻找食物和战利品来维持补给。现代金属探测器不断发现贵重小物件,这一事实证明,中世纪的房主们在接到有劫掠者的警告后,不得不频繁地掩埋他们的贵重物品。

这些骑兵的袭击确实是具有政治和军事目的的,即向敌对统治者的臣民们证明他们的国王是多么的无能,无法保卫自己的人民。如果乡下人能到达相对安全的有城墙的城镇或城堡,他们就有机会躲避入侵者,但这样的要塞会遭到围攻——如果值得的话。

百年战争中的大多数战役都是速战速决的,而一次成功的围城则需要很长时间,要么因为需要部署像抛石机这样的攻城机,要么因为必须维持封锁以使居民挨饿。缩短攻城时间的——而且在正面作战时产生了更具毁灭性的效果的——是大炮的发明和发展。

1346年,爱德华三世首次使用了火枪和大炮,此后双方使用这些武器的次数和数量越来越多。这一革新和其他革新的结合改变了战争的性质和战斗中那些人的关系——包括军事人员和无辜平民。

然而,最大的战局改变者是黑死病。随着30%至50%的人口被消灭,对所有在这场瘟疫中幸存下来的人来说,冲击是巨大的,但除了痛苦之外,这场灾难还将带来深远的社会和经济影响。

劳动力的急剧短缺让供求法则发挥了作用,使农民和手工业者们认识到他们有讨价还价的能力。没有他们的劳动,庄稼就会烂在地里,羊就不能剪毛,布就不能纺织,剑和盔甲就不能锻造。这一前所未有的转变让统治者们大吃一惊。

他们的第一反应是试图抵制变革。1349年,爱德华三世颁布了《劳工法令》,试图将报酬与瘟疫暴发前的水平挂钩,并禁止工人离开自己的城镇和村庄去服务出价更高的人。但王室的命令形同虚设。当国王下令伦敦公司清理街道和废弃的房屋(里面满是在臭气熏天的死尸和腐烂的食物中觅食的老鼠和其他动物)时,他很快就明白了当下的形势。议员们的回答是:"谁来打扫卫生?我们失去了30000名市民。"

劳动力市场的变化在整个社会底层激发出一

种更强的独立感。教会给予封建制度的宗教支持是，社会等级制度是由上帝规定的，所有人都应该接受自己的地位，服从上级，不破坏神圣的社会制度。现在，把农奴主和农奴、主人和仆人黏合在一起的胶黏剂开始溶解了。

工人们开始为提高报酬而谈判，他们要求新的权利。当局抵制变革的企图只会加剧压力，直到1381—1382年，终于爆发了公开的叛乱。在法国，战争税导致了铅锤起义。与此同时，英格兰的农民起义走得更远，瓦特·泰勒和他的部下要求取消所有的封建税和对捕鱼及狩猎权利的限制。起义最终被镇压下去了，但是妖魔从瓶子里出来了，不能再被强迫回去了。

其他不那么剧烈的但最终更成型的变化正在发生。当市政当局从国王那里获得特许开设并控制市场后，人们的买卖习惯从封建庄园转移到了城镇。这些原本是每周举行的活动，随着知名度和便利性的增加，活动频率也增加了。随着富有的商业行会的发展和市政当局权力的增强，永久性的商店发展起来。

由于买卖双方从一个城镇搬到另一个城镇做生意，社会的流动性变得更强了。海峡两岸的城市人口都在增长，这促进了国际贸易和银行业的发展。商人的财富建立在金钱而不是土地的基础上，他们能够挑战旧的封建领主，尤其是当国王和贵族开始依赖商人和银行家来为他们的战争及昂贵的宫廷开销提供资金时。

长途贸易的发展带来了远自东方的令人向往的奢侈品，以及以基本商品为基础的商业联系，从而形成了在政治关系中发挥作用的联盟。例如，英格兰和勃艮第倾向于联手共同对抗法国，因为英格兰羊毛贸易蓬勃发展，可以满足日益增长的佛兰德的纺织制造业。欧洲社会正变得过于复杂，不可能由简单的封建的"领主-佃户"法律来管理了。

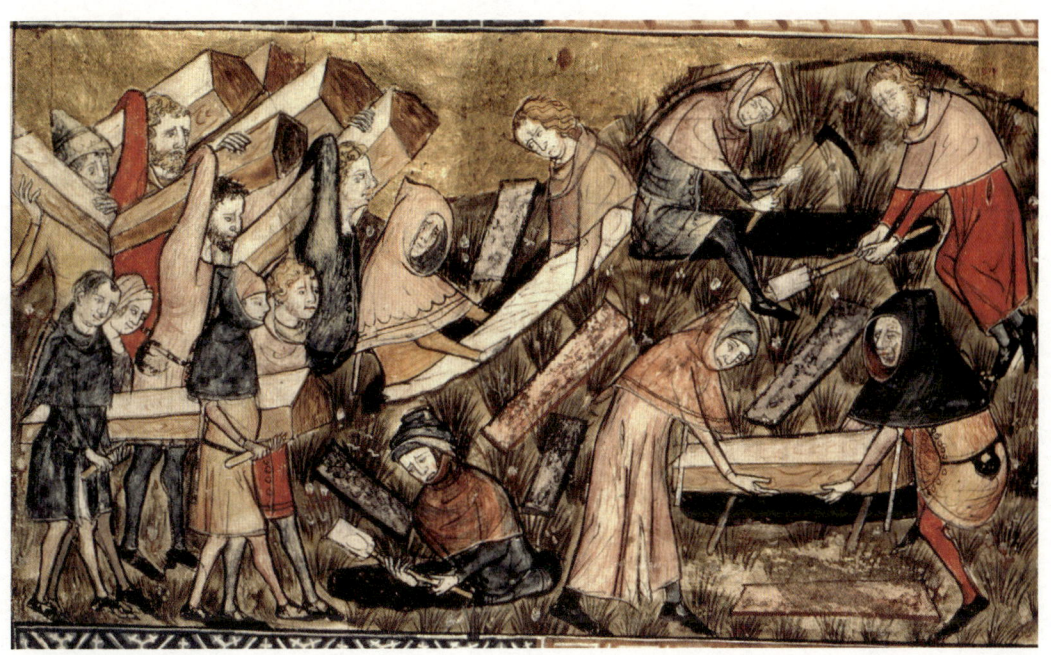

▲ 1349年图尔奈的瘟疫